知识就在得到

EMOTIONAL
VALUE 蔡钰 著

情绪
价值

新 星 出 版 社　NEW STAR PRESS

目 录
CONTENTS

第三章 | 情绪回应

第四章 | 情绪创造

第五章 ｜ 情感结构

第六章 │ 风险与展望

序 言

2020年，我第一次在得到App的《蔡钰·商业参考》专栏里提出"情绪价值"这个概念。此后的几年里，商业世界的变化不断验证我的判断——情绪价值越来越成为影响消费决策的关键因素，大量的新消费品牌开始在情绪价值上发力。

于是，在经过两年多的琢磨之后，我又在得到App开了一门新课——《情绪价值30讲》。这应该是整个商业市场上关于情绪价值的第一次体系化交付。本书就是在沉淀之后，对这门课进行了更系统的梳理，并且修订、增补而成的。同时，它也融合了《商业参考》当中涉及的部分案例与思考拓展。

情绪价值本来指的是一个人影响别人情绪的能力。当你跟一个人沟通或者交往的时候，如果你觉得愉悦、满足、平和或者增长了见识，那这个人给你提供的情绪价值就是正的。如果一个人老是抱怨、猜忌，动不动就冷暴力，那他会把你的情绪也带成负面的，给你提供的情绪价值就是负的。

情绪价值这个词，以前只用在人与人的沟通当中，但现在，它已经成为产品，尤其是消费品价值的一部分，并因此正在成为商业机构与每个个体都不得不正视的显性价值。

为什么？因为情绪价值能让商业品牌跟用户的关系更牢固，让产品的生命周期更长久，也能让个人的自我认同度与社会认同度更高。

从这个意义上来说，情绪价值不应该仅仅放在营销框架里讨论，还应该放进产品框架里。理由是，在产品框架里进行用户研究，会比在营销框架里研究得更深入，更关注用户对品牌和产品的情感认同来源。

举个例子。刘秋香本来是喝星巴克的，但是喝三顿半让她觉得自己既孤独又文艺，而且这个品牌还关心地球，还便宜，那她就会放弃星巴克，改喝三顿半。而喝瑞幸，可能让王富贵觉得自己在一个平民品牌的逆袭过程中起到了作用，那王富贵就会选瑞幸。

"品牌溢价"这个词也可以用情绪价值进行解释。品牌溢价，就是消费者对一个品牌所提供的情绪价值有稳定的预期，并且愿意为它买单。也就是说，消费者认同这个品牌的价值观，想借助它来彰显自己的品位、情怀和理想，从而构建自我的身份认同。

在把情绪价值跟品牌溢价对标之后，我们就会意识到，品牌打造自己的情绪价值，其实是个老课题，可口可乐、耐克、肯德基、麦当劳等上一代消费巨头早已操作多年。

　　而在今天研究情绪价值这个课题，我们面临着一个新的背景：新消费崛起、本土消费分级。本土新消费品牌多从大牌平替起家，它们的成功，在很大程度上是因为享受了供应链的红利，抓住了社交电商、直播的机会，触达了新用户。但如果想进一步发展，成为经典，长久地留住用户，它们就必须学习一门谁都没法回避的必修课——如何挖掘与创造情绪价值。

　　我对情绪价值的思考，源自我个人对产品价值的一个结构化定义：

$$产品价值 = 功能价值 + 情绪价值 + 资产价值$$

　　举个例子。一把椅子，能用来坐，偶尔也能当梯子。这是它的功能价值。工厂都能实现。

　　你的朋友周董惦记你搬新家，特意送给你一把考究的酋长椅，既舒服，又包含了朋友的心意，还能让你的书房看起来更大气。它不但有功能价值，还有情绪价值。

　　再进一步：周董送你的这把椅子其实是件艺术品，是他早年花300多万元买的，现在还有人想出800多万元买走。这样一来，这把椅子就有了资产价值。

　　也就是说，厂商如果想提升一把椅子的产品价值，可以从它的功能价值、情绪价值和资产价值分别着手。

　　但是，在今天的市场环境下，功能价值不再稀缺。中国作为全球工业门类最齐全的国家，有非常强悍的生产和物流能力，你只要有启动资金，就可以随时造出一个产品。可与此同时，整个产业链对所有人都是开放的。这就意味着，一个产品要是拼功能价值，就只能拼性价比，利润非常微薄。产品如果想在功能价值上有所突破，可能需要能源革命、ChatGPT[1]这种级别的技术革新，用前所未有的方式来满足需求。

再看资产价值，它具有极大的偶然性。艺术品、加密货币、黄金首饰、限量版球鞋，或者盲盒隐藏款等，都拥有资产价值。但对大多数消费品来说，资产价值可遇而不可求。

你看，功能价值大家暂时"卷"不动了，资产价值又具有偶然性，可遇而不可求，那今天做产品创新，最大的溢价空间来自哪里？只能来自情绪价值。

对产品来说，所谓情绪价值，就是你为了获取某种情绪资源而愿意付钱的价值。不仅仅是一把椅子，还要是一把酋长椅；不仅仅是"喝水"，还要是"喝肥宅快乐水"。这就是情绪价值带来的选择差异。

2020年以来，互联网上流行一个口头禅：emo。emo就是emotional（情绪化）的缩写，一般指的是自己陷入了不那么积极的情绪。这个词流行起来，可见情绪在人们生活中的分量越来越重。

1　美国人工智能研究公司OpenAI研发的一款聊天机器人程序，是人工智能技术驱动的自然语言处理工具。——编者注（如无特殊说明，书中脚注均为编者注）

这两年，也有越来越多的人开始认同这样一种消费观念——该省省、该花花。也就是说，在经济增速放缓的环境里，大家一方面精打细算，另一方面仍然愿意把钱花在让自己开心的地方。

与此同时，大量的新消费品牌能够崛起，很重要的一个原因是它们抓住了DTC（Direct to Consumer）这个武器，也就是跳过渠道，直接触达消费者，直接跟消费者联络感情，挖掘产品创新点。

所有这些现象，都指向了同一个结论——**中国新一代商业玩家的创新方向，有必要从性价比创新转向情绪价值创新。也就是挖掘有价值的情绪资源，把它注入产品和服务，让产品、服务变得更有魅力。**

比如，给孤独的人提供温暖，给受挫的人提供宽慰，给弱者提供勇气，给看似什么都不需要的强者提供解压和忘忧。

情绪价值能增加产品价值、提升产品魅力，这一点当然没错。那么，情绪价值可以量化吗？换句话说，我们想提升多少情绪价值就能提升多少吗？还真不行。

说回那把酋长椅。如果把它拿到苏富比拍卖，它蕴含的情绪价值到底是多少，得由最终出价的买家说了算。一双AJ限量版球鞋，官方发售价是135美元，但它到底值多少钱，也要由得物App[1]上的最终成交价说了算。

1　一个集正品潮流装备、潮流商品鉴别、潮流生活社区于一体的网购社区。

看起来，情绪价值也有一定的偶然性，那是不是说明我们就没得努力了呢？

当然不是。

从行业视角来看，我们虽然摸不到它的上限，但是可以琢磨它的上涨驱动力。那把酋长椅能拍出多少钱，我们不知道，但它的历史越悠久、工艺越精湛、藏家越有来历、附着的故事越丰富，它的价格就越有上升潜力，这是确定的。

同样，一双AJ限量版球鞋，最狂热的粉丝愿意为它付出多少钱，我们不知道，但它设计越特别、发行数量越少，就越能给主人带来殊荣和升值的想象，它的价格上涨驱动力也就会越强，这也是确定的。

这种红利，在普通产品身上也有。一根玉米，摆进某些主播的直播间，它就必须是全网最低价，比如不能超过2块钱；但要是摆进东方甄选的直播间，它也许就能卖到6块钱——其中的2块钱，你买的是这根玉米，剩下的4块钱，你其实是在给董宇辉老师提供的情绪价值买单。很多人说董宇辉是知识带货，其实不是，他是以知识为原材料来制造情境，进行情绪带货。

所以，本书的任务，就是打开情绪价值的黑箱，清晰地梳理出情绪的生成机制，帮助你理解情绪价值的作用，学会打造情绪价值的方法，从而吃到比较确定的一段溢价。

交代完毕。欢迎你和我一起，从情绪价值的视角探索人心。

走你。

第一章

市场之变

从成熟经济体的经验来看，当物质丰盈到一定程度的时候，民众的消费行为就会赶上生产行为，同时成为推动经济的主导力量。今天，随着人均GDP（国内生产总值）突破1万美元，中国正走在成为全球最大消费市场的路上。在这个过程中，我们面临着巨大的变局。而变局中的种种变化，对于中国的消费品公司来说，是前所未有的挑战。

一、消费者之变

从教主到配角

今天中国消费者的第一个变化是，面对极为丰富的供给，人们看待消费和品牌的态度，正在从追随与效仿"教主"变成为自己的人生挑选"配角"。这就要求新一代的公司和品牌在做产品时，要把"教主意识"切换成"配角意识"。

教主意识与配角意识

什么是"教主意识"？什么又是"配角意识"？

教主意识，就是做一个好产品，给品牌立一个权威人设，说服潜在用户来认同和追随。

英特尔说，Intel inside（内置英特尔）。欧莱雅说，你值得拥有。茅台说，中国茅台，香飘世界。特仑苏说，不是所有牛奶都叫特仑苏。这都是典型的教主意识。它们都是在暗示"我的产品多么好""我的人设多么高级"，潜台词都是"我值得你追随"。

配角意识呢？配角叙事的潜台词是"你值得我服务"。

1994年，海底捞火锅横空出世，让市场无比惊艳。后来黄铁鹰教授写了本书叫《海底捞你学不会》，成为畅销多年的方法论经典。直到今天，海底捞仍然在餐饮界不断开创先河，比如把为客人庆生的仪式做成了自家的拳头产品。

海底捞为什么会成为经久不衰的火锅一哥？

它其实没喊"我多好"。它是一个行动派，靠服务取胜。海底捞的服务像热毛巾一样滚烫，客人连等位时都能喝柠檬水、吃小零食、玩小桌游，甚至享受美甲服务，完全不用担心受到冷落或感觉无聊。这就是海底捞的配角意识，让客人觉得"我值得被人这样善待"。

你可能会有一个疑问：当教主还是当配角，是不是跟产品本身的属性有关？比如，海底捞的火锅产品自带餐饮服务属性，手机、汽车产品自带工具属性，它们天生就是为人服务的，是不是天然就拥有配角意识？

也不尽然。比如，乘用车是妥妥的出行工具，但以教主自居的乘用车品牌一点都不少。丰田早年有句经典广告语："车到山前必有路，有路必有丰田车。"车主在哪儿？不重要。保时捷更直白："你为风景停留，他人为你驻足。"你看，虽然我是出行工具，但你跟着我就能光宗耀祖。这是教主意识。

直到2022年理想汽车发布了L9，我们才看到了一个明显的思路改变。这款SUV（运动型多用途汽车）把车厢当作家庭一

居室来设计，把自己定位成了"一个移动的家"，背后的思路是
"车应该为车主服务"。[1]这就是把自己当成了配角。

教主意识的缘起

在过去几十年的中国市场上，教主式的产品和策略大获全
胜。为什么会出现这种现象？背后有其历史原因。

从1978年改革开放，到20世纪90年代初加速长三角、珠
三角跟国际市场的衔接，再到2001年加入WTO（世界贸易组
织），中国消费市场的搭建可以说是从零开始。在这个阶段，我
们几乎所有工业化、市场化的经验都来自对外部的学习。

这就导致我们对外部商业力量的姿态，一开始是仰望。当
我们接触到第一批商品、第一批商业导师的时候，我们的反应
只能是："怎么会有这么好的东西？""怎么能这么厉害？"

所以，过去40多年，中国市场上的标志性产品都习惯了享
受这种教主式的殊荣。

1978年，法国时装品牌皮尔·卡丹甫一进入中国市场，就
成为国人眼中顶级的国际大牌。

1992年，美国快餐品牌麦当劳在北京王府井开了北京第一
家店，开业当天就享受到了北京市民大排长龙的礼遇，接待了4

---

1 参见得到App课程《蔡钰·商业参考2》"150 | 理想汽车L9：乘用车从作品到产品"。

万多名顾客。

进入21世纪，也是一样，像诺基亚、宝洁这样的外企，不管是产品还是工作机会，都是我们仰望的对象。

到了2010年前后，苹果旗下的iPhone在中国市场获得的礼遇就更不用我赘述了。

那段时间流行起来的另一件事是海淘，人们借着出国旅游、公干的机会购物。消费者为了交流海淘心得，甚至孵化出了如今中国最大的生活方式社区——小红书。中国人出国都买什么呢？护肤品、保健品、电饭锅，甚至马桶盖、婴儿纸尿裤，连保温杯都要买日本的虎牌、象印和德国的膳魔师。反正，当时我们觉得，只要是海淘来的，都特别香。

当时中国市场上还有一个享受教主红利的国际消费品牌，那就是特斯拉。特斯拉进入中国是在2013年。那个时候的纯电动车其实充电挺麻烦，也不太智能，消费者的尝试成本很高，民间一度对这种产品有"电动爹"的调侃。但出于对品牌的仰望，一些开惯了燃油车的中国车主宁可调整自己的使用习惯，也要去学习和适应特斯拉，这在某种程度上证实了"电动爹"的教主地位。

本土替代渐次发生

换个角度来观察这段被教主产品引领的中国消费市场史，

我们会发现，在这40多年里还埋藏着另一条暗线：本土替代渐次发生。

哪些品类在发生本土替代呢？从家电、服饰、科技软硬件，到化妆品、零食、饮料，都在此列。当时间进度条拉到2010年之后，尤其是2016年之后，在化妆品、零食和饮料等行业，一大批本土快消品公司崭露头角，跟国际品牌分庭抗礼。我们熟悉的化妆品品牌完美日记、饮料品牌元气森林、麦片品牌王饱饱、内衣品牌Ubras，以及咖啡品牌瑞幸、三顿半，都是在那个时候崛起的。

为什么本土快消品公司集中选择在那个时候开始创业呢？有两个原因。

第一，中国的消费能力起来了。从2012年开始，国际品牌为了争夺市场，把一部分产品设计职能从欧美总部转移到了中国，以便打造出更适合中国消费者的产品。这一举动为中国培养了一批快消品产品经理。

第二，在国际订单和本土电商的调教下，中国的生产能力、物流能力等逐渐强大了起来。

于是，一些产品先锋意识到："不就是消费品吗？我们可以自己做啊。"在这个过程中，最有历史标志意义的公司是格力和小米。这两家公司看到市场热捧日本电饭煲，都从2016年开始死磕这一产品，并成功占领了消费者心智，赢得了很大的市场份额。到后来，小米甚至把自己的电饭煲卖到了日本。

终点叙事与起点叙事

本土消费品牌崛起初期，在卖产品时，习惯性沿袭了早年向外部导师学来的打法——告诉市场我也很强，我也值得被追随。

小米刚开始做手机时有一句著名的口号："不服跑个分。"跑分就是对手机性能进行测试。小米这话的意思就是我的性能最强，透露出典型的教主意识。

不过，在本土产品经理的努力之下，中国消费者的观念慢慢转变了，"平替"这个词开始大行其道。消费者发现，原来外国大牌也是中国供应链代工的，原来中国本土的产品能力也很不错，甚至本土品牌更懂我、更愿意低姿态地争取我。消费者看待产品和品牌的目光，慢慢从仰望变成了平视。

等到时间进度条拉进至2020年前后，叠加中美贸易摩擦的因素，消费者对产品的这种平视，已经快速扩散到了所有行业，不管是本土的还是外来的品牌，消费者全都一视同仁。这背后，是中国供应链和产品能力快速过剩，相比之下需求反而变得稀缺，压力也就给到了供给方这一边。

在拥有了越来越多的选择权后，消费者的下一个心态转变自然地就发生了。人们开始意识到，既然我才是商业力量百般争取的那一方，我就不用再把定义生活的权力交给消费和产品了。

但是，如果把这种心态转变称为"反消费主义"，那又过于绝对了。人们并没有远离消费，而是带着自主性更清醒地消费：我购买和使用什么东西，不是因为它值得追随，而是因为它在某个具体的点上，确实能够优化我的生活和心情。

消费者的这种心态，要求新一代的商业玩家把做产品的教主意识转换成配角意识。谁是主角呢？当然是消费者。

产品要想做出这样的转换，关键在于完成叙事的转变。

教主的叙事是终点叙事：你追随我，这就够了。所以，教主的产品研发、设计和营销目标，都是论证自己有多好。而配角的叙事则是起点叙事：你的旅程才刚刚开始，我愿意帮你成就你的人生，改善你的生活。

在一条从起点出发的叙事线上，各种配角产品的营销工作会变得相对简单。因为不同用户有不同的人生故事，只要把不同类型的典型用户筛选出来，用他们的故事去触动跟他们相似的人，就能实现产品扩圈。与此同时，品牌的内涵也就丰富起来了。

从需求到动机

产品应该转变角色，这个道理并不复杂，但应该如何入手呢？一个老生常谈的方法是，理解消费者。

随着对品牌从仰望变为平视，今天的中国消费者正在发生第二个变化：产品仅仅"找准我的需求"已经不够了，还要

"领会需求背后的动机"。

需求和需求动机

需求和动机有什么区别？打个比方，需求好比是字面含义，而动机好比是言下之意。

ChatGPT发布之后，百度跟进发布了自家的AI对话大模型文心一言。有人给文心一言提需求："画一幅唐伯虎点秋香。"文心一言还真输出了一幅水墨风格的画，但画的是一只老虎在秋天里烧香。网友又要求画车水马龙，文心一言就画了一条青龙开车过河。再让它画胸有成竹，文心一言又画了个半裸猛男，身上长满了竹子。网友乐坏了，纷纷表示爱上了文心一言的脑洞，建议百度就把它往出人意表的方向研发。

为什么网友觉得文心一言有脑洞？因为中国人对"唐伯虎点秋香""车水马龙"和"胸有成竹"这些词再熟悉不过了，都知道它们的内在意涵，而当前的文心一言对这些词的理解还停留在字面含义上，双方出现了预期违背。但是，网友给文心一言提的本来就是伪需求，需求之下的动机其实是寻开心。文心一言的输出，真让他们找到了开心，他们的动机反而实现了。

不过，换成消费行业，产品经理如果对用户需求的理解也只停留在表面，那大概率卷不过其他人。

我们先从行业对需求的典型理解说起。过去十几年，中国的产品设计思想受互联网影响很深，毕竟"什么都值得用互联网重做一遍"嘛。互联网行业有一个著名的产品观念："用户不是自然人，而是需求的集合。"这句话出自中国互联网行业的产品前辈俞军。他做出过百度搜索、百度贴吧、百度知道，后来又带起了滴滴出行的产品团队。

怎么理解俞军的这句话呢？对互联网公司来说，把用户看作一大堆需求的集合，然后切分出最有共性的一个或几个，就可以拿来做产品。比如，用户有获取信息的需求，就做出百度来满足；用户有打车的需求，就做出滴滴来满足。然后再用高频需求去拉动低频需求，比如美团先做团购、外卖，再做酒店、本地生活，就是这个逻辑。

在俞军之后，抖音把这个理念贯彻得更到位。一个抖音的普通用户会被打上无数个离散的需求标签，然后跟其他用户的标签一起组合成巨量数据，投喂给算法。如果你喜欢看搞笑视频，抖音就会不停地给你推搞笑视频，还会把跟这个标签强关联的其他标签内容也推给你，看能不能猜到你的下一个爱好，占住你的下一分钟。至于你为什么爱看搞笑视频，抖音不关心。

为什么不关心呢？因为关注需求，拥有巨大的需求标签库，对抖音这样的大平台来说就足够了。它面对的是海量用户、海量内容供给，只要做好中间的算法对接就能成功变现。如果去关心微观个体的动机，对它来说反而不划算。

但并非所有公司都是抖音。在一个消费力掌握更强话语权的市场里，用户天然会要求厂商更懂自己，去追问出那个"为什么"。用户喜欢看搞笑视频，这是在回答"是什么"，也就是用户有什么需求；用户为什么喜欢看搞笑视频，这是在追问"为什么"，也就是探察动机。**动机是需求之下的潜台词，也是形成需求的驱动力。**

如果你是做搞笑视频或者做产品的团队，你该怎么判断接下来要卖给用户什么？是平缓情绪的茶、学做视频的课，还是女主角的胸针？只关注需求，没法下这些判断，所以你得关注需求背后的动机。

褪色的教主

这里举两个例子，来解释需求动机对商业的影响。

第一个例子，无印良品在中国的经历。

无印良品是一个日本杂货品牌，创立于20世纪80年代的日本经济低迷时期。它的品牌含义是"没有标识的好产品"，所售卖的文具、日用品、服装和家具风格简约，性价比高，存在感低，放在家里跟什么都能搭配，不消耗消费者的心理能量，也不给消费者提供情绪资源。

听起来配角意识很强吧？但它进入中国的时候，却是带着教主光环的。

无印良品在2005年进入上海，卖的商品与日本相同，定价却远远高于日本。一个杂物盒，日本定价1200日元，当时相当于人民币70元左右，在中国门店却卖135元，几乎是日本的2倍。原因说来非常令人无语：无印良品在中国没有仓库，哪怕有些产品是中国代工的，也要先发到日本再转运回来。一进一出，物流和关税成本就高出了一大截。

可是，中国市场早期本来就看谁都像教主，定价高反而击中了消费者的情绪点。产品低调、不抢戏，这种无特点反而成了无印良品的特点，被中国的文艺青年和中产阶级视为其独有的风格，说它是"低欲望""性冷淡风""森系"。在当时的粉丝看来，无印良品卖的可不是普通杂货，而是带有设计感和艺术气息的轻奢产品。

你回忆一下，苹果的iPod其实在2001年就推出了，中国大众听音乐的主流器材早就变成了MP3播放器，市场上越来越难买到CD。但直到2015年，仍有不少人喜欢在家里的墙上钉一个无印良品的CD播放机，拉绳子开关那种。原因无他，唯文艺尔。

在这种教主意识的驱动下，从2012年起，无印良品在中国进入高速增长期，每年大量开店。但好景不长，从2016年起，它在中国的开店速度放缓，产品定价陆续下调了十几次，销售额也持续下滑。

发生了什么呢？原因有很多，但这里只从需求动机的角度来试着分析。

在早期的中国市场，无印良品的粉丝其实存在双重的需求动机：一方面，无印良品售卖的是均质化产品，气质是反消费主义的，粉丝借着消费它，表达自己反消费主义的特立独行；另一方面，无印良品在中国的高价和小众，又能让粉丝通过消费它来彰显自己高雅的生活品位。你看，是不是挺拧巴？

但是，随着中国本土供给的过剩，无印良品的粉丝觉醒了。一部分人心想，你用轻奢价格来让我反消费主义？那我直接买名创优品和义乌货不香吗？另一部分人心想，你竟然降价？那我要的高雅生活调性不就消失了吗？

在这个过程中，原来拧巴在一起的两类用户都明确了自己的需求动机：一边是想少在均质化产品上花钱、花时间，另一边是想用真正的小众轻奢产品来彰显生活调性。

粉丝的这次觉醒非常有戏剧意味。他们从无印良品那里受到的教育，是应当有消费的自主性；而在真的拥有自主性后，他们发现，自己对无印良品错付了。

这就是无印良品只停留在用户需求表层，而没有深挖需求动机的结果。

第二个例子，新消费时代的排队。

在产品供给从匮乏变得充裕、消费者看待产品的眼光也从仰望变成平视之后，中国的消费和服务市场上还有当年那种朝圣式的排队吗？

　　还有。江门的喜茶、长沙的文和友、纽约来的汉堡品牌 Shake Shack，它们在中国各个城市刚落地时，还是会有消费者去排大队，甚至找黄牛，想要率先获得这种新鲜的消费体验。但这一轮消费者排队的动机已经变了，他们把自己这种行为叫"网红打卡"。

　　请注意这里面的区别：过去人们排队，是出于对教主的仰望；而在如今的新消费时代，人们排队不再是为了追随某个品牌，而是为了在社交圈里打造自己的潮流人设。他们打卡一个又一个网红品牌，是在给自己的生活调性添加一个又一个注脚。他们这是在把教主当配角用。

　　怎么证明这一点呢？我们可以看到，这类网红品牌当下最焦虑的就是复购率变低的问题。你今天再想喝喜茶，或者再想去文和友吃饭，已经比一开始容易多了。为什么变容易了？因为借它们来彰显调性的潮流男女已经功成身退，没有人跟你抢了。

　　就连苹果的教主光环也在褪色。在乔布斯时代，苹果发布新款手机，不止中国，世界各地的苹果门店门口都有人搭帐篷、排长队。现在这种盛况还有吗？有，但很少。

　　那么，在今天的中国市场，谁还能拥有高复购率的朝圣队伍？答案是茅台、周杰伦演唱会、迪士尼乐园这种级别的教主。它们在自己的同温层竞争者稀少，因此能够独享中国内地十几亿人的市场。它们成功的背后是自身能力与时代机缘的共振，而这对绝大多数消费品牌来说可遇不可求。

所以，在对用户的研究上，需要从需求下探到需求动机。理解了需求动机，产品才有更大机会被消费者选中，并跟消费者缔结长久的深度关系。

从理解到共情

给你讲一个真实的故事，发生在我的课程用户华姐身上。

朋友约华姐到一家非常火的饭馆吃饭，华姐下午5点左右就到了，正赶上服务员开例会。

华姐有点尴尬：从主管到店员都看见了她，但是在接下来的两分钟里，他们都把她当作空气，继续列队训话。直到例会结束，才有人过来接待她。

当着客人的面，训话的主管和被训话的店员尴尬吗？多少也是尴尬的。但他们选择了顶住尴尬继续开会，同时也忽视了华姐的尴尬。

华姐说自己当时就下了决心，哪怕这家店的菜再好吃也绝不再来。为什么？因为她的感受是，这家店不在意她的感受。

我想借华姐这个故事，引出今天中国消费者发生的第三个变化：开始要求产品和品牌能跟自己共情，也就是产生"情绪共振"。

共情能力与同理心的区别

品牌跟用户共情很难吗？"共情"这个词不是新词，但"做产品要有共情能力"这个提法，是在2020年之后才出现的。

在互联网占据产品话语权的时代，共情这个词并不常见。产品经理更多讨论的是同理心，或者用户洞察。

同理心和共情能力有什么区别呢？同理心，是你知道对方有什么样的需求、情绪和感受，而共情能力，是你能够跟对方有同样的情绪和感受。你看出刘秋香在害怕，这叫同理心，你可能会安慰她说"没事儿，别害怕"；而如果你能够跟她共情，你的反应会是，"真可怕啊，我也吓坏了"。也就是说，**同理心是"想他人之所想"，共情能力是"急他人之所急"**。

通过对同理心和共情能力进行区分，我们可以清楚地看到做产品的两种不同逻辑。

在同理心阵营里，张一鸣做抖音，不是因为他自己缺娱乐资源；黄锦峰做完美日记，也不是因为他自己需要化妆；李子柒做螺蛳粉，当然也不是因为她对重口味求而不得。这个阵营的创业者在选择创业方向的时候，大多是看到了市场的需求痛点，而不是察觉到自身的需求点有代表性。

与之相应的是，近些年出现的很多新消费品牌，创始人都出自共情能力这个阵营。他们从自己的体感出发确定创业方向，做产品首先是为了服务自己，与此同时再服务一群跟自己有同样痛点的人。

比如，咖啡品牌三顿半的创始人吴骏自己就是咖啡爱好者，他想喝到品质跟手冲咖啡差不多，但便利程度跟速溶咖啡差不多的新咖啡，于是创业做了三顿半。小红书的创始人瞿芳自己就是海淘爱好者，小红书最初的版本其实是瞿芳和她的朋友们共创的海淘攻略。三顿半和小红书，都是顺着创始人的共情能力长出来的创业机会。

共情能力的重要性

过去这些年，同理心和共情能力两个阵营都诞生了各自的创业名将，而在今天，我们可以看到，共情能力阵营发现了更多的创新机会点，而缺乏共情能力的品牌，往往都走得磕磕绊绊。

我们来看两个失败的营销案例，它们都败在缺乏共情能力上，都发生在2021年春天。

第一个案例发生在Ubras身上。Ubras是成立于2016年的一个新锐内衣品牌，它在创业之初给人传递的价值观是：不为追求美而牺牲舒适感，要让女性真正成为自己的主人，内衣为自己而穿。你看，挺棒的吧？

但它在2021年犯了个错误。它请脱口秀演员李诞帮它做营销宣传，李诞在微博上发了一条宣传文案：#我的职场救身衣#，一个让女性轻松躺赢职场的装备。

Ubras 的女性用户一下就炸了。你一个服务者，认为我的身材需要你来拯救，就已经挺居高临下的了。更过分的是，你请了一个人设为玩世不恭的男性来调侃女性"穿着内衣躺赢职场"？这不但像是在暗示女性工作不努力、没有实力，更像是存在深层的恶意。

随后，李诞不得不删帖道歉，承认措辞不当、考虑不周。Ubras 也不得不公开致歉。

第二个案例发生在英特尔身上。英特尔请另一位脱口秀演员杨笠给自己的高端电脑代言，安排她在一条广告视频里说："英特尔的眼光太高了，比我挑对象的眼光都高。"

这句话要是由另一个名人说出口可能没什么问题，但偏偏安排给了杨笠，这问题就大了。杨笠的成名作是在脱口秀节目上吐槽男性"普通却自信"，英特尔这样给杨笠设计营销文案，言下之意是，这么挑剔的人都夸我，可见我有多好。你看，是不是教主心态？

英特尔这条广告一播，负面效果立即出现了。你想，关心电脑配置、芯片参数的群体主要是什么人？是男性。所以杨笠话音未落，广大男性就炸了：怎么？找个经常嘲讽我的女性来劝我买东西？是觉得我多好欺负？

男性的愤怒，很快逼得英特尔在全网删除了这条广告视频。

往前倒推十几二十年，中国市场对名人代言的要求没有这么高。大家买名人代言的产品，是因为觉得名人的见识和品位都比自己强，跟着名人选东西没错。但到了今天，产品的功能价值已经不再是稀缺价值，消费者对品牌更多的是情绪期待：没错，你是选了一个有个性的人来代言，但他的个性是靠冒犯我才成立的。你跟他绑在一起，那你就不仅沾上了这种个性，还沾上了对我的冒犯，凭什么还想让我消费你？

这两个失败的营销案例，就反映了在供给过剩的时代，缺乏共情能力的品牌容易陷入被动局面。

合格的共情

那么，把"我跟你站在一起"喊出来就是合格的共情了吗？也不是。在供给过剩的时代，喊话这一招有太多人玩了，光喊话制造不了差异化竞争力。

消费者的新要求是什么？是"不光要说你在共情，还要让我感受到你的共情"。那我们该靠什么来让消费者感受到共情呢？

本书给出的答案是：生活参与。

共情能力这个词的另一种解释，是能够设身处地地代入对方。不仅口头上代入，还要真实地进入对方的生活情境。

情绪是从不同的生活情境里诞生，再抽象成语言的。比如痛苦，小学生说痛苦，可能是天天得早起上学；白领说痛苦，可能是犯着鼻炎写PPT；老教授说痛苦，可能是多年攻坚的方向被学术同行抢先突破了。小学生、白领和老教授虽然都痛苦，但其实很难共情。

同样，刘秋香和王富贵看见共同好友牛斯克开着一辆豪车经过，不禁都很感慨。但两人仔细一聊发现，刘秋香是希望自己也有能力买豪车，王富贵则是希望牛斯克跟自己一样仍然开不起豪车，继续挤地铁。刘秋香是羡慕，而王富贵是嫉妒，他俩也无法共情。

所以，今天的消费者什么时候才会觉得一个品牌能跟自己共情呢？最简单的标准，就是把这种共情放到具体的生活情境中去检验。

中国的商业玩家非常熟悉的一套打法，是直接营造消费者向往的生活情境。

这套打法流行于2017年前后。当时，来自日本的茑屋书店，成为中国零售业争相研究的成功样本。

茑屋书店的核心策略是售卖"生活提案"：旅行书跟旅行箱一起卖，食谱跟面粉一起卖，还邀请旅行家和美食家在不同提案的区域做导购。总结起来，这就是最简单也最成熟的一个共情策略：你向往的生活方式，我已经在其中等着你了。

这套打法，中国的新消费玩家已经玩得很溜了。

比如说最近几年，中国市场崛起了一个新锐咖啡品牌，永璞。

永璞主张咖啡可以跟任何饮品搭配在一起喝，苏打水、果汁，甚至冰淇淋和酒都可以，它说自己的价值观是"特立但不独行"。

何止是不独行，永璞的品牌人设简直是咖啡界的社交牛人。永璞成立的前6年，就做了400多次品牌联名，合作方既有北鼎这样的实体小家电品牌，也有日食记、QQ音乐和电影《少年的你》这样的内容型伙伴。与此同时，永璞还做自己的播客，介绍爱咖啡的露营家、健身爱好者和插画师的生活，并且赞助一些它喜欢的主播开播客，请他们讲述跟永璞调性相似的商业公司的故事。

永璞还开发了一个微信小程序——永璞小岛，风格精致、松弛、萌。它让用户和潜在用户在小程序里登记成为"岛民"，并在里面玩开咖啡店的游戏、回收咖啡盒，或者攒积分兑换周边产品等。

永璞做的事就是典型的生活参与：通过产品联名活动，把自己的调性社交圈打开给用户看；又通过做永璞小岛，让用户在自己这里过上一小段有调性的虚拟生活。

这反映了商业世界的一个重要趋势：产品和品牌跟社会大众的关系，正在从社会参与深化为双向的生活参与。**产品要参与用户的生活，用户也要求品牌公开它的生活方式、生活态度，允许用户去参与、品评**。在今天的大市场上，越是年轻的消费者，就越愿意把品牌当成一个鲜活的同伴，去观察、评判，甚至介入它的生活。在这种双向的生活参与中，消费者与品牌便产生了真正的共情。

二、环境之变

前面讲到了消费者正在发生的三种变化：想在消费市场上替自己寻找人生配角，想被深切地理解需求背后的动机，想被共情。

那么，这些变化为什么会出现？或者换一个问法：消费者为什么越来越希望从消费和服务中索取情绪资源？这种变化是暂时的波动，还是不可逆转的大势所趋？

在我看来，是大势所趋。置身百年变局级别的历史拐点，人们为了安顿自己的内心，会更加渴求情绪支撑。这是时代与人心的碰撞。接下来，让我们一起从宏观的角度来理解这种环境的变化。

经济增速放缓

我们需要意识到，环境的第一个变化，是经济增速放缓。随着经济体量不断增大，中国告别了过去那种每年百分之十几的高速增长，再叠加新冠疫情的影响，2022年，中国的GDP增速只有3%。而在疫情影响逐渐消退的2023年，经济增速也只有5.2%。

相应地，原本最强劲的几大类消费，增速似乎也在放缓：房地产市场2022年成交额13万亿元，比2021年的18万亿元下降了5万亿元的规模；汽车销量在2017年到顶后连降了三年，直到2021年才开始小幅增长，且年增幅只有3%上下；家电行业的走势跟汽车行业差不多；智能手机在2022年的出货量是2.86亿台，同比下降13.2%。[1]

除了经济增速放缓，还有逆全球化风险、地缘冲突风险、海外经济衰退风险、人口负增长和人口老龄化风险等。这些外部环境要素给民众制造了明确的压力。所以，人们迫切需要通过其他渠道找到确定的情绪资源，以修复内心的安全感。而与此同时，这些环境要素在每个人身上的作用力度又是不一样的，这导致人们修复内心的需求存在着巨大的多样性。

移动互联网普及

哪怕不考虑上述种种，中国商业史上的另一起事件也对大众的情绪需求影响深远，那就是环境的第二个变化：移动互联网扩容——三大移动通信运营商在2015年同步启动了大规模的提速降费，这使快手和抖音在2018年前后极速破圈，把从城市到农村的10亿中国民众彻底接入了互联网。

---

1 本书所引用的数据，均来自行业报告或互联网公开信息。——作者注

为什么互联网平台的这种极速流量扩张会影响社会大众的情绪需求呢？

这是因为，在被彻底接入扁平的数字社会之后，人们很可能愿意把个人化、个性化的情绪细节削减掉，以求跟某些社会群体产生交集，也就是情绪共振。他们刷同样的流行语和表情包来表态、站队，以求加入某个共同体，比如二次元、热播剧，从而换取归属感。一种共同情绪覆盖的人越多，意味着人们削减掉的私人情绪越多。

这就是我们社会的一个重要趋势：人们削减自己的私人情绪，来换取在群体当中的身份认同。

但是，人的天性是需要释放的。所以在公共场域之外，在自己的私人生活里，人们会加倍地需要情绪满足。他们需要更细致入微的服务，来回应和呵护自己被削减掉的情绪细节。也就是说，移动互联网的极速扩容，让我们的社会变成了一个充满各种细微情绪需求的社会。

美好生活

再来看环境的第三个变化——中国给自己设定的主任务发生了变化。2017年，党的十九大报告说，中国特色社会主义进入新时代，我国社会的主要矛盾已经转化为人民日益增长的美好生活需要和不平衡、不充分的发展之间的矛盾。

既然是主要矛盾，那么接下来10多年，整个中国就会把主要的力气和资源用来解决它。不是让人民生活去迁就不平衡、不充分的发展，而是让发展来满足美好生活的需要。

"美好生活"这个词有意思。我对它的理解是，美和好有不同的含义，从商业和发展的角度看，好不好是用功能价值来衡量生活水平，而美不美是用情绪价值来衡量生活水平。

什么是功能价值？就是我选一台洗衣机，只关心它省不省电，能不能一次洗10公斤衣物，带不带烘干功能。情绪价值呢？比如，海尔和美的的洗衣机都省电，都能一次洗10公斤衣物，都带烘干功能，但我还是非常坚定地选了其中一个。原因可能是我觉得复古绿色很漂亮，也可能是我想让家里的电器品牌基本统一，换取一种强迫症式的舒适感。

功能价值和情绪价值兼具，就是我们追求的美好生活。

从这个理解出发，追求美好生活的新阶段，也是大市场的消费需求从功能价值向情绪价值拓展的新阶段。

消费时代

环境的第四个变化，让我们参考一下隔壁的成熟经济体——日本。

1989—2019年的平成年代，又被日本人叫作"失去的30年"。在这30年里，日本从泡沫经济崩溃转向了经济增长低迷。

日本人经常用两个关键词来总结这30年的消费特点："第四消费时代"和"低欲望社会"。

这两个词在某种意义上是相通的。第四消费时代，指的是在这个时代，日本人开始放下对物质的占有欲，转向去品牌、去个性化的基本消费。所以，无印良品、优衣库、大创这种售卖均质化产品的低欲望品牌，拿到了过去几十年日本主流市场的份额。

但是，日本人在经济泡沫破灭之后真的对消费心灰意冷了吗？并没有。在日本市场上，做游戏的任天堂和索尼长盛不衰；二次元、偶像女团等情绪浓度极高的产品品类需求旺盛；日本的女性，在逛无印良品、优衣库和大创的同时，也没有放弃过对LV和爱马仕的追逐；而东京的潮流圣地涩谷，更是一直在向整个东亚输出潮牌。

所以，我们可以推测，日本消费者爱上优衣库和无印良品，未必是买不起更贵的或者失去了消费欲望，而是认为在均质化产品上应该尽量少花精力和钱，把财力和心力留给情绪浓度更高的消费选项。

用这个推测来反观中国市场，很可能今天的中国消费者也会完成类似的消费觉悟。这种觉悟的结果不是一刀切的消费降级，而是像日本一样，进入一个"该省省、该花花"的均质消费和情绪消费并存的时代。

无论是从互联网产业史、宏观变局、成熟市场参照，还是从我们举国致力于解决的主要矛盾来看，情绪需求都正在成为不可逆转的消费需求。它的来势会比我们已经见识到的还要凶猛。

今天中国社会的一大热门议题是"内需不足"，但换个角度看，中国市场的内需未必是不足，而是正在发生换代。

清华大学的孙立平教授有一个观点：中国的上一个阶段是大规模集中消费阶段，人们都需要房子、车、家电、手机。但在进入新的消费阶段之后，人们的需求和消费开始分化了，我们可以把这个阶段称为分化消费时代。在这个时代里，所谓的消费不足，也许是因为供给端还没有出现足量的、能够承接分化需求的产品阵列。

如何在供给端承接这种分化，把内需潜力转化为自己的商业机会，也就成了今天的消费创业者必须面对的新挑战。

如果把这样的新消费时代定义为后消费时代的话，我们可以下结论说：后消费时代的特征是情绪消费成为主流，共情能力将会成为后消费时代的关键创新能力。

第二章

情绪感知

在第一章，我们达成了一个共识：后消费时代，情绪消费越来越成为主流，共情能力也会成为这个时代的关键创新能力。

那么，消费创业者该怎么提升共情能力呢？

共情能力是一个人对他人情绪的代入和回应能力，只是完整情绪能力的一部分。要提升共情能力，得从提升完整的情绪能力做起。

训练情绪能力，可以分三步走。先去练习感知情绪，再去学习回应情绪的方法，最后掌握如何从0开始创造情绪。这也是接下来几章要讨论的问题。

在第二章，我会通过理论＋案例的组合，带你梳理消费者情绪的生成机制，让你知道情绪是什么、从哪儿来、人们会有怎样的情绪，以及哪些情绪是重要的。

一、情绪的生成机制

人类有那么多情绪，哪些情绪具有商业价值，可以转换成消费需求呢？这个问题不好回答，我来试着一层一层地剖析一下。

我们先回到问题的原点，把什么是情绪这件事讨论清楚。

这就要说到一组容易混淆的概念：情绪和感受。

这两个词经常被当成近义词放在一起说。比如焦虑、开心、惊讶、倦怠，既可以说是情绪，也可以说是感受。

不过，你有没有注意到这样一个矛盾：我们的社会鼓励人们"尊重自己的感受"，也就是承认人的感受存在，允许人表达自己的感受，哪怕是焦虑、倦怠这样的消极感受。因为如果一个人的感受长期得不到尊重，会对他的人格造成创伤。

但是同时，我们的社会又很推崇"管理好自己的情绪"。一个人做事理性，我们说他情绪稳定、不冲动；一个人不轻易发火，而是挑选合适的时机策略性发火，收放自如的同时还实现了自己的目的，我们说他情商高。

社会的这两种态度，不是冲突了吗？

如果我们把情绪和感受当成一回事，这确实冲突了。但实际上，这两个概念不是完全画等号的。

感受只是情绪的一部分。一种情绪总共要分成三部分：生理上的感受、心理上的动机，以及肢体上的行为。

举个例子。我们形容尴尬，经常说"尴尬到脚趾抠地"。尴尬本身是我们生理上的感受；"想要抠条地缝躲进去"，是我们的心理动机，也就是我们心理上在想该如何应对这种感受；我们的肢体行为表现为耳朵发红、真的用脚趾"抠出了三室一厅"。所以，有时我们说"身体不听使唤"，指的就是在某些情绪里，我们的肢体行为跟心理动机不协调。

生理感受＋心理动机＋肢体行为，这才是一种情绪的完全体。

为了方便叙事，我们可以把这个公式做个简化：

$$情绪＝感受＋动机＋行为$$

其中的感受和动机是值得我们进一步拆分和挖掘的，这里面其实就包含着情绪感知的重点。

二、感受基本盘

人们需要哪些好的感受呢？很难逐一罗列。因为人的感受不光多种多样，而且并不完全相通。大家的生活环境和语言环境都不完全一样。希腊人不能完全共情中国人，福建人也不能完全共情东北人。就连我们自己有时候都没法完全理清自己的感受，只能用五味杂陈、百感交集这样的词来概括。

所以，研究对好感受的需求，真要去穷举的话，一来工程量太浩大，二来也没必要。比如说"错愕"，单看它好像很难找到开发的价值，但要是把它跟"安全感"和"荒诞感"组合起来，你就能理解人们为什么爱听相声、爱看喜剧了。

消费行业过去常常采取的一种产品开发策略，是紧盯着抖音和小红书，跟风、追热点。网友们流行抹红棕色的眼影，就去做红棕色的眼影；网友们喜欢露营，就去做露营生意；网友们喜欢飞盘和桨板，就去结合飞盘和桨板做自己产品的热点营销。

追热点当然有用，但缺点也很明显，就是不容易收获第一波红利，而且消费者也很难对你形成记忆和认同。追热点的品牌就像股票市场上追逐热门概念股的游资，要付出的专注力、体力和其他资源其实很多，却无法像价值投资和量化投资那样，积累长效的体系知识和稳定的受众。

所以，热点当然可以追，但我的建议是，你得有自己的"感受基本盘"，让消费者能够清楚地记住，你在稳定地提供某些基础性的好感受。比如，舒肤佳，妈妈一般的守护；多芬，真实的女性都美。

产品拥有感受基本盘，并不会阻碍你追逐热点，反而能让你更清楚自家产品可以怎么跟热点结合。

那么，有哪些好感受可以算在感受基本盘里呢？我建议你重点研究以下三类：**安全感、新鲜感和价值感**。

这里借用一个概念——心理能量，来解释为什么安全感、新鲜感和价值感是大多数人在大多数时间里都需要的情绪资源。

安全感

我们在心理能量低时，会产生困倦、恐惧、羞耻、愤怒、紧张这类消极感受。

这个时候，我们可能会躲起来，睡大觉，吃甜食，买东西，找朋友倾诉，或者想办法去证明消极感受的制造者是错的。

通过这些方式，我们可以得到接纳、认同、宽慰和疗愈——这些都是同一类积极感受：安全感。只有获得了安全感，我们才会变得平静而充满勇气，心理能量才能得到持续的补充。

安全感是今天中国消费市场上一种非常主流的需求。2023年二三季度，中国经济承受了不小的压力，但仍然有一些情绪浓度高的行业增长强劲，其中一个就是珠宝零售业。[1]

数据统计商飞瓜的数据显示：2023年8月的抖音品牌销售榜上，前三名是华为、苹果和LV，第四名是一个叫云上叙的珠宝玉石品牌。云上叙的创始人在一个行业论坛上说，品牌2023年的总GMV（成交总额）预计会达到50亿元，同比增长接近两倍。

云上叙不是唯一的黑马。新抖[2]统计的抖音主播带货榜单显示，2023年7月抖音销售额排名前10的直播间里，卖珠宝的占了5个。销售榜前3名分别是新疆和田玉老郑、小北珠宝严选和云上珠宝（云上叙抖音账号），其中前两名月成交额都突破了5亿元。

在快手上，也出现了类似的趋势。快手2023年6月的珠宝钟表类账号数量，比1月份增长了41.9%。而其中卖得最好的是黄金、和田玉、翡翠、玛瑙这类珠宝玉石，手表的贡献只占极小的比例。

看完抖音、快手，我们再来看大市场。国家统计局的数据显示，2023年上半年，珠宝市场零售额达到1689亿元，不但超

1　关于珠宝行业的详细分析，请参见得到App课程《蔡钰·商业参考3》"026｜珠宝零售业猛增与'现世安稳'型消费"。
2　新榜旗下抖音短视频数据工具，实时追踪直播带货情况，发掘爆款商品及优质账号。

过了疫情前，也打破了 2021 年同期的历史纪录。

珠宝行业的增长动力来自哪里？市场上归纳出来的原因很多，比如消费升级，年轻消费者的审美水平提高了，黄金、翡翠有保值、避险的功能，等等。而我的强烈感受是，这反映了当前市场上最主流的消费情绪之一：对安全感的渴求。

2020—2022 年这三年，人们置身于经济、政治和健康的巨大不确定性当中，心理能量极度匮乏，于是他们就开始琢磨，怎么能跟冥冥之中的超自然力量攀上交情、搭上话，通过各种手法，寻求一些"宇宙能够善待我"的安全感和确定性。

类似的需求，在更早放松疫情管控的市场上已经先行出现过。早在 2022 年年初，《纽约时报》就发出过疑问：为什么水晶首饰开始重新受到市场的欢迎？

它自己给出的回答是：因为新冠大流行。人们对健康的关心，带动了水晶、矿石和宝石首饰的销售。身处焦虑中的人，会向往具有伟大象征和治愈力量的东西。

在接受《纽约时报》的采访时，洛杉矶高级珠宝设计师杰奎·艾伊希说了一句极具商业洞察的话："我卖的不是珠宝，而是能量。"也就是说，市场对珠宝的消费需求变多，是因为想要获取心理能量、得到安全感的人变多了。

新鲜感

在持续获取心理能量，不但得到了安全感，还有了一定的储备之后，我们可能会感觉自己从容平和，愿意耗费一些心理能量，去换取一些新鲜的体验。比如说满足好奇心，冒冒险，或者迎接一些挑战。这个阶段的情绪需求，可以统称为寻求新鲜感。

新鲜感对人类来说也是必需的感受。

人们在形容工作无趣时有一种通用的说法——"一眼就可以看到自己退休那天的样子"。我们在一无所有的时候，极其渴望在城市里拥有自己的住房，拥有稳定的工作，如果得不到，想想就会绝望。然而，如果能够拥有这些，条件却是未来30年都要日复一日地在同一个时间钻进同一个房间上班，又在同一时间钻进同一个房间睡觉，想想也会绝望。为什么？因为这样的生活想象里没有新鲜感。

新鲜感加上时间或社会属性的话，也就是跟以前的自己比，或者跟别人比，还能给人提供优越感。比如在消费社会里，一个人喝到了秋天的第一杯奶茶，或者开上了别人买不到的新能源汽车，他就会产生优越感，觉得今天的自己比以前强，也比别人强。

新鲜感和安全感该怎么区分呢？我们看一下刘秋香的例子。

冬天到了，刘秋香觉得冷，想买一件羽绒服穿，不让自己冻着。有了衣服，有了温度，其实也就有了安全感。但刘秋香多动了一点心思：我到底是买加拿大鹅还是始祖鸟？加拿大鹅让我显得很有钱，始祖鸟让我显得不但很有钱，而且很专业。这就是在寻求新鲜感和优越感了。

要注意的是，在同一个消费类目里，人们通常不会跳过安全感直接去寻求新鲜感。你想，一件始祖鸟的T恤确实比一件二手的军大衣更新鲜、更优雅，但刘秋香眼看都要冻出病来了，比起始祖鸟的T恤，她当然要选二手军大衣。

价值感

假设情绪资源给到位了，安全感和新鲜感都配齐了，如果我们的心理能量储备能够继续升高，内心非常富足，我们可能会产生一种新的需求——"用好过剩的心理能量"。这跟你有了闲钱之后想投资理财的心态差不多。

我们很可能想去找个项目，把这些过剩的心理能量释放出去，在社会上创造更大的价值和意义。在这个阶段，我们寻求的情绪资源是价值感。

价值感，就是感受到自己对别人和社会来说有价值、很重要。但这不是简单地指别人对我们的尊崇和礼遇，比如见面就给我们作揖，逢年过节都要给我们送礼，或者吃饭一定要请我们坐主位。它们对应的情绪资源仍然是新鲜感和优越感。

那什么才是价值感呢？孩子需要我们陪伴；公司项目需要

我们的创意才能运转；队友需要我们拦住对方的得分后卫；朋友遇到事儿需要找我们拿主意；或者房顶上的小野猫因为有了我们，在冬天也能够稳定地解决温饱问题。这类外部世界对我们的认可和需求，才会给我们带来价值感。

价值感需求会出现，是因为我们想超越世俗的评价，直接向世界确认自己的价值。并且，如今的我们已经有额外的资源和心理能量来追求它了。

举两个比较常见的场景。在用手机支付的时候，明明知道微信支付更便利，我们可能也会愿意多操作一步，打开支付宝。因为使用支付宝付款，蚂蚁森林里会有积分，而攒够了积分就可以让支付宝替我们在沙漠里种一棵梭梭树。心理能量高的情况下，我们就不会吝惜麻烦一下自己来善待这个世界。

同样，换车的时候选择新能源汽车，可能是因为新能源汽车不但能给我们带来科技新锐的新鲜感，还能带来参与节能减排的价值感。有了这种价值感，哪怕在旅途中要花时间等着给车充电，我们也会认为值得。

安全感、新鲜感和价值感，是市场与社会中人们需求交集最大的三种主流感受，我把它们称作"感受基本盘"。情绪＝感受＋动机＋行为。仅仅是抓住"感受"这一个关键词，就能帮我们成为不错的情绪感知者。

三、动机基本盘

前面说过，今天的市场要求商业玩家对消费者的洞察从需求下探到动机。行为是动机的表现，在多数情况下，理解了一个人的动机，也就理解了他的行为。所以，在"情绪＝感受＋动机＋行为"这个公式里，我们不再单独剖析"行为"这个词，而是把它跟"动机"结合起来理解——比如，消费就是我们要重点观测的行为。这里先举两个例子，来解释动机和消费行为的关系。

第一个例子：相同的消费行为背后，可能有完全不同的动机。

刘秋香要去打羽毛球，王富贵要参加一场面试，两人都需要带一瓶水。但刘秋香考虑的是运动时需要补水，而王富贵考虑的是面试遇到棘手问题时，可以喝口水缓解一下尴尬，拖一拖，让自己有时间思考。

不同的消费动机，导致他俩虽然进了同一家便利店，但刘秋香拿了瓶1.5升的农夫山泉，王富贵则拿了瓶350毫升的怡宝纯净水。另外，刘秋香拿一瓶而不拿两瓶，是因为两瓶太沉了，她打球时如果不够喝可以再来买一瓶。王富贵选怡宝而不选农夫山泉，是因为他觉得怡宝的配色更有专业感，适合面试，把水往桌上一放，说不定能多谈1000元的工资。

为什么在今天，哪怕是相同的产品、画像相似的消费者，消费场景依然那么重要？正是因为不同场景里的消费者可能存在不同的消费动机。不同的动机叠加相同的消费行为，最终会产生不同的消费结果。

第二个例子：相似的情绪需求背后，也可能有不同的动机。

从2020年开始，一种名叫"便利店调酒"的玩法开始在年轻人当中流行。到2023年，这个话题相关的视频光是在抖音上的播放量就已经接近6亿次。

所谓便利店调酒，指的是消费者跑到24小时便利店，选购喜欢的基酒、果汁和茶饮等，自己调制鸡尾酒，然后在客厅、宿舍、办公室，甚至马路牙子上，更加自主地享受微醺的感觉。

不过，同样是热爱便利店调酒的年轻人，每个人的动机却各有差别：前100个潮流达人是为了让自己显得卓尔不群，而第10000个跟风者却是为了合群，为了跟上社交潮流。王富贵想要新潮，刘秋香也想要新潮。多了一个"也"字，他俩的动机就已经不同了：一个追求的是存在感，一个追求的是归属感。

对领航者王富贵来说，他更需要的可能是不停地找到更有创意的酒杯、歌单和拍照用的道具，以此来衬托他的调酒新创意，让他显得更新潮；而对跟风者刘秋香来说，她更需要的可能是一份现成的调酒攻略和采购清单，让她不用动脑子也能跟上潮流。

在这个意义上，很多成功的差异化创新，其实是在同一个品类的产品功能价值差不多的前提下，从情绪价值角度针对人们不同的消费动机进行深度挖掘。所以，有了可口可乐还能有元气森林，有了红牛还能有魔爪。像牛奶这么传统的消费赛道，已经有了蒙牛、伊利这种全国性品牌，二者也占据了绝对的市场优势，进取的新消费品牌仍然能找到创新空间。比如，乐纯卖牛奶卖的是"更营养"；简爱卖牛奶卖的是"更健康"；认养一头牛也卖牛奶，卖的是"奶牛一天的伙食费80块钱"，奶源吃得好。

从这两个例子可以看出，品牌要想实现销售，对动机的准确感知非常重要。但与感受类似的是，动机有那么多种，同样不能穷举。那该怎么办呢？我们可以抓住动机基本盘，也就是人们普遍拥有的、心里最根本的内在目标。动机基本盘主要包括四种：成长、和解、归属和存在。

为什么是这四种？因为人们的情绪动机，基本上都是想把不舒服的感受转变成舒服的感受。人什么时候会觉得不舒服？一是对自己不满意的时候，二是跟身边的人相处不愉快的时候。

所以，你可能已经注意到了，成长、和解、归属、存在，这是两对反义词。成长与和解对应的是自我认同。归属与存在对应的是社会认同。

自我认同

当人们对自我感觉不甚满意的时候，普遍会生成两大内在动机：一个是自我的成长，二是与自我和解。

弗洛伊德认为，人格由本我、自我和超我这三个部分组成。本我就是被本能和欲望支配的自己，也可以叫它"天性自我"；超我是被理想、道德、良心支配的自己，可以叫它"道德自我"；而自我就是现实中的自己，可以叫它"现实自我"。

现实自我左肩站着天性自我，右肩站着道德自我，在被二者不停地争取。而每一个回合中，现实自我无论是想跟天性自我对齐，还是想跟道德自我对齐，都是在寻求改变。这个改变要是令我们满意，我们就会把它定义为成长。

如果我们的心理能量较高，就会促成有效的成长。举个例子。王富贵去面试，结果被面试官问倒了，很尴尬，于是他决定看场电影调整一下心情。这是现实自我朝着天性自我去成长。他还决定下周报门课程，来提升自己的专业性，以免下次再遇到这种尴尬的场面。这是现实自我朝着道德自我去成长。这两种行动，都能帮他摆脱尴尬，重新对自己感到满意。

然而更多的时候，我们的心理能量并不能支持改变的发生，那该怎么办呢？这种情况下，我们就需要另找办法来建立自我认同。想办法告诉自己，当平民、当现实自我也挺好，哪儿都不去也有正当性。这样，我们的情绪动机就会变成跟自己和解。

比如，王富贵感觉很尴尬，去找刘秋香倾诉。他跟刘秋香说，今天那个面试官故意刁难我。刘秋香说："啊，这人怎么这样？"在诉苦的同时，王富贵其实就已经完成了跟自己的和解。他心里的叙事已经变成：面试时问题没答上来是因为对方在刁难我，而不是因为我的专业性不足；我没必要跟对方一般见识，也没必要反思和复盘。

成长与和解，是人们在面对自我时，非常高频出现的两种心理动机。

社会认同

那么，当我们跟别人相处时，我们又会产生什么样的心理动机呢？

人在面对他人或置身群体当中的时候，会需要归属感，希望被对方认可，被群体接纳。同时，人也想要被看见，想要彰显自己的独特性，也就是寻求存在感。

归属与存在，关系到我们的社会认同。

什么是社会认同？按照社会认同理论的先驱泰弗尔[1]的说法，

---

1 Henri Tajfel，1919—1982，波兰社会心理学家，于1969年首次提出了社会认同理论。

就是个体知晓自己归属于特定的社会群体，而这种身份认知，会让个体获得情感和价值上的意义。

比如，刘秋香是一个美食博主，她就会下意识地用大众对美食博主的期待来衡量自己。同时，刘秋香还认为自己是一个典型的"00后"，她就会很关心别的"00后"在聊什么，处于怎样的生活状态。她可能还会特别留意"70后"的父辈跟自己这一代有什么不同。

除了"美食博主"和"00后"，刘秋香的身份标签可能还有很多，比如"打工人""A股散户"等。

如果有个陌生人问她："博主，请问有什么适合关灯吃的面¹？我这个月的午饭预算又被股市吞了。"刘秋香可能会对这个陌生人产生认同感，因为"同是天涯小散户"嘛。于是，刘秋香不但会给他推荐好吃的面，还会把自己攒的拉面兑换券分给他两张。

刘秋香的这种心路历程，是在瞬间完成了社会分类，把自己和对方归到了同一个类别里。有了同盟，就有了安全感。

1　网络流行语，用以表达股票投资失利后痛苦和失望的心情。

第三章

情绪回应

让我们回到情绪生成公式：情绪＝感受＋动机＋行为。

等号右边这三个变量，抓住其中任意一个，都有找到消费者情绪需求的机会。

消费者的情绪需求可以简单分为两大类：

1.自身已有的情绪，不管好的坏的，都需要得到确认和表达，如果是坏情绪，还需要得到化解；

2.自身没有的某些情绪，尤其是"良好感受"，需要从外界获取对应的情绪资源。

翻译成供给方这边的任务，就是：

1.替消费者确认、表达和化解已有情绪；

2.给消费者提供他想要的情绪资源。

所以，如果要回应消费者的情绪，我们可以有以下三种思路：

第一，从行为入手，帮消费者安全、合规、道德地把情绪宣泄掉。

第二，从感受入手，增加消费者的积极感受，给他提供情绪资源。

第三，从动机入手，顺应他的动机，给出替代宣泄的解决方案，帮助化解情绪。

一、从行为入手，协助宣泄

情绪宣泄的新需求

宣泄情绪，不是一件新鲜事。你看，人开心了就想笑，难过了就想哭，这都是宣泄。但就是这么一件熟悉的事，在今天已经成为消费者的一大情绪需求。

我在序言里提到过一种人们的共同情绪，emo，它指的是出现沮丧、委屈、孤独、寂寞这类消极情绪。

在今天的互联网上或者微信群里，只要谁说一句自己emo了，大家就会知道他不开心了。但是，听话的人理解的，和说话的人真正感受到的，是一回事吗？听话的人可能以为他说的是孤独、寂寞，但说话的人感受到的可能是沮丧、委屈。而且，就连孤独和寂寞，也是两种不一样的情绪——寂寞是缺少陪伴，而孤独是缺少认同感和归属感。

举个例子。网约车司机刘秋香每天要拉很多乘客，她跟所有乘客聊天，所以她不寂寞，但她可能很孤独。她真正的归属感，可能寄托在手机上的司机微信群里，或者自己的快手账号上。如果你坐上刘秋香的车，她会跟你谈笑风生，但转头她可能就会在司机微信群里吐槽你车程太近，这单根本不赚钱。吐槽完了，她的心里才会舒服点儿。

你看，人跟人只能在情绪交集部分共振，这就会促使刘秋香们削减个人化情绪、压抑独特感受。这正是我们在第一章提到过的一种大环境的变化：人们正在加速削减自己的私人情绪，压抑自己的个人感受，来换取身份认同。

这种行为的好处是能换来归属感和友谊，坏处是，压抑感受，尤其是消极感受，非常损耗人的心理能量。心理学上经常说，长期压抑真实情绪会带来心理创伤。它容易让人情绪失控，也容易让人陷入抑郁。

另外，你可别以为只有坏情绪需要宣泄。实际上，人们沉浸在积极情绪里的时候，如果过高的心理能量不能如愿溢出，也会产生不爽的感受，抵消之前的快乐。这就是为什么人们要秀恩爱、晒包包、晒猫猫，他们是在用行动来宣泄自己的积极情绪。

老子说，"天之道，损有余而补不足"。多了的需要宣泄，有缺口的需要找补。这就是今天社会里很大一块情绪需求的所在。

安全、合规地宣泄

一个人有情绪被压抑时，当然知道自己想做点什么来宣泄，但他没法控制这些行为的伤害性和道德性，也不愿意承担这些行为的后果。所以市场上有些商业模式，就是售卖安全、合规的宣泄通道和宣泄对象。

比如，在新冠疫情出现以前，北京、上海、深圳这样的一线城市就出现了减压体验馆这种业态，让年轻人在馆内捶捶假人、摔摔旧键盘、测测尖叫分贝，把压力释放出来。这就是典型的通过肢体行为来帮人宣泄情绪。

大部分提供刺激体验的产品和服务，都是在通过创造爽感来帮人消解不爽，释放情绪。如果换一个压力小、性格也比较淡然的人，他对爽感的需求就不会那么强。同样是度假，他可能就不太会专程设计蹦迪或滑雪主题，而更偏好去菜市场，感受市井烟火气，或者享受渔舟唱晚这种主题。

过去几年，大环境的不确定增加了人们心中的不爽，这或许能够解释为什么微醺体验开始流行，爆珠口香糖成了人们的新宠。就连我也一样，加班越多，越想吃重油重辣的巴奴火锅，这都是在购买更爽的感受。

这两年还有一种服务也是帮普通人宣泄情绪的。如果你关注社交网络，你可能会发现，网友们发明了一种"嘴替"叙事。他们对网上的一个人物、一段故事、一条留言、一个吐槽有强烈共鸣的时候，会说"这是我的嘴替""这个人在演我""世界上的另一个我"。

什么叫嘴替？就是认为某人"替代我说出了我的心声"。普通人内心的不爽，被某位KOL（意见领袖）用更戏剧化、更准确、更犀利的方式表达出来，就会让普通人感觉爽。普通人为什么会感觉爽呢？因为站在普通人的角度，他们的感受被喊出来了，他们不爽的对象被抨击了。而且，对方回击的风险还不会落到他们身上，而是会落到这位KOL身上。于是，对普通人来说，这位KOL就成了痛快且安全的宣泄代理人。这样的KOL，就会被认同他的普通人视为盟友。

进入短视频时代之后，你会发现越来越多的自媒体在表达时轻逻辑、重情绪，有时甚至不惜捏造事实也要表达态度，这就是为了在某个人群当中扮演"情绪嘴替"。他们虽然不向网友直接收费，但可以凭借当"嘴替"吸引的流量来变现。这就是为什么网友们每识别出一个撩拨情绪的账号，就会说它是营销号。这种玩法我强烈建议你远离。

二、增加消费者好感受，提供情绪资源

过去几年，有一类新的情绪需求特别神奇地出现在年轻人当中：上香和求佛。

全国各地寺庙里那些短期禅修班，成了热门的网红年假项目；雍和宫和灵隐寺的祈福手串，成了年轻人送自己和送朋友的网红礼物。数据显示，2023年上半年，中国寺庙景区门票的50%都被"90后"和"00后"订走了。大家上起香来，比上课和上班都要积极。ChatGPT大火后，马上出现了一个网站——"AI佛祖"，以佛祖的身份来回应网友们的烦恼和咨询。

看看，人们为了开解自己、安顿自己的内心，实验精神全冒出来了。

禅修真的能够帮你减少加班时长吗？佛祖替你劝房东降房租了吗？都没有。人们从禅修、手串和上香仪式里面，获得的是冥冥之中的某种抚慰。这种抚慰并不能消灭他们在卧室和写字楼里的烦恼，却能让他们暂时忘掉这些烦恼，也就是增加了他们的积极感受，为他们提供了情绪资源。

那我们怎么捕捉人们对好感受的需求呢？我想给你的建议是，盯住几个有主流用户基础、能够经受时间考验的"感受基

本盘"，也就是前面讲到的安全感、新鲜感和价值感。

下面我们来拆解几个具体的案例，看看聪明的玩家是怎么做的。

王小卤和Ubras：用安全感获得长期认同

中国的新消费品牌从2015年开始批量崛起。但其中多数只抓热点，没能形成自己持续的差异化优势。所以过去这几年我们看到，不少新品牌要么陷入行业内卷，要么被市场边缘化，要么干脆翻车。

不过，还是有一部分本土新消费品牌维持住了市场地位，比如做虎皮凤爪的头部公司王小卤，还有做女性无尺码内衣的头部公司Ubras。它们两家做对了什么呢？那就是，除了抓热点，还抓感受基本盘。

王小卤和Ubras的成绩

王小卤的卤味零食生意在2016年就开始了，但它最早做的是卤猪蹄，2019年才转型死磕虎皮凤爪，从此登上了品类巅峰，并且在巅峰一待就是好几年。

是不是卤味零食就好做呢？也不尽然。

2023年年初，周黑鸭、绝味鸭脖和煌上煌等几家已经上市的卤味大佬，纷纷晒出了利润下滑的财报。3家公司都解释说，自己的生意是被疫情和原材料价格上涨给耽误的。

但我们看看同期的虎皮凤爪新秀王小卤，它的业绩却如日中天。王小卤在2022年12月线下销售额单月破亿元，全年业绩同比增长50%，突破了10亿元。4年，足够消费者喜新厌旧十几个回合了。有多少新消费品牌能够撑4年？王小卤撑下来了。

王小卤连续3年拿到全国虎皮凤爪销售额第一，连续4年拿到天猫鸡肉零食类目销售额第一。同时，它还超越了线上网红身份，把线下销售额做到了总流水的一半以上。你看，是不是挺厉害？

Ubras也挺厉害，它启动得比王小卤更早。它从2018年就开始做无尺码内衣，到2023年已经存活了5年。

我们在第一章讲过Ubras一个失败的营销案例。但这家公司也很顽强，它在2021年2月得罪了自己的用户群，这却没有动摇它线上销售额第一的位置。2021年"双十一"期间，Ubras仅仅3天的成交额就突破了3亿元，超过了上一年"双十一"的总销售额。

整个2021年度，Ubras都守住了天猫文胸市场品牌占有率第一的位置。2022年6月，Ubras宣布，自己当月全渠道销售额接近4亿元，持续稳居内衣行业线上品牌第一名。你看看，持续哦。

Ubras当然吃到了行业红利，它所在的无尺码内衣行业本身就是一个爆发式增长的行业。但你要知道，消费者在这个领域并不是没有别的选项，还有蕉内、有棵树等很多新生代品牌在等着抢夺市场。而Ubras即便犯了错也没有被对手蚕食，还能顽强生存，继续当品类老大，是不是挺厉害？

王小卤和Ubras都做对了什么呢？肯定不是价格便宜。我们试着从它们提供的情绪资源角度来讨论这个问题。

王小卤做对了什么

先说王小卤。王小卤做的诸多努力里，我最想请你留意的是，它给自己的虎皮凤爪设计了一个超级卖点：每只凤爪都剪掉了指甲。这个动作，让它所有消费者的安全感都增加了，大家觉得王小卤做零食更精细、更卫生。

转型做虎皮凤爪之初，王小卤在做用户调研时注意到一个很奇特的反馈。有人说，鸡爪带着指甲，吃起来心里别扭。

理论上，这个反馈不像一个真痛点，在一般的调研里是要被忽视的。

在需求端，鸡爪跟鸭脖一样，是卤味零食界的一个老消费品类，有很扎实的消费者基础。那些爱啃鸡爪的人，本身就很享受跟骨头较劲的乐趣。吃一根鸡爪至少要吐11根骨头，多那几枚小小的指甲，跟多吐几根正经骨头也没多大区别。真要嫌弃吐骨头麻烦的话，要么直接买脱骨鸡爪，要么干脆选酱牛肉这类没有骨头的卤味，没必要跟鸡爪的指甲较劲。

在供给端，厂商们也没有动力去增加给鸡爪剪指甲这个环节。因为鸡爪本来就有大有小，手势还各异，指甲的摆位也就不规则，没法设置一个自动化的机器程序统一剪。像老牌食品公司有友食品，卖了20多年鸡爪，从来没考虑过剪指甲，这也不妨碍人家把年销售额做到10亿元以上。

但王小卤意识到，给鸡爪剪指甲，能够成为自家产品的后发优势。而且赶巧的是，王小卤的创始人王雄从最开始就坚持自建工厂，坚持产研一体，而不是找厂商代工。这就让它有了话语权，可以控制自己的产品供应。于是，王小卤就专门聘请了100多名阿姨，让她们加入生产流程，手工给鸡爪剪指甲。

除了这个卖点，王小卤还做了很多新消费品牌爱做的营销动作：进带货达人的直播间，拍脑洞奇大的创意广告，或者跟葫芦娃这类国民IP（知识产权作品）联名，等等。

这些动作，你做他也做，大家没多大差别。但王小卤在这些营销动作里，难免会不断提及鸡爪剪过指甲这个细节，这就让它在消费者心里跟其他同类产品有了区分度，而且这个区分度还意味着安全感。

你想，以前的鸡爪有指甲，消费者习惯了，确实能不当回事。一旦有一个品牌率先把指甲给剪了，消费者马上会觉得：你比别的品牌更关心食品卫生。鸡爪指甲这玩意儿，我作为消费者都没那么介意，你却比我还要在意我的体验，鸡爪指甲你都不怕麻烦给剪了，那别的事情你还能差到哪儿去？

所以，没指甲的鸡爪意味着更卫生，而给鸡爪剪指甲的王小卤，则给消费者传递了一层淡淡的安全感，这种安全感叫讲究。这个细节动作把消费者的情绪需求照顾得极好，马上让王小卤和其他鸡爪，甚至其他卤味零食都区分开了。

于是，王小卤很快就拿下了虎皮凤爪这个市场。其后在2021和2022年，很多新老品牌纷纷效仿，都开始进场做虎皮凤爪，也都学着给鸡爪剪指甲。因为竞争激烈，市场上的原料鸡爪价格被推高了不少。有一些新品牌扛不住成本，又悄悄把剪指甲这个环节给去掉了。王小卤则在这一点上一如既往。这又让它的安全感增加了一层。这次加的安全感叫稳定。

人们对安全感的需求是普遍且持续存在的。所以我们可以认为，王小卤作为新品牌能火爆4年且越做越强，"产品能够提供稳定的安全感"功不可没。在提供了这种安全感的基础上，它再跟带货达人一起抓性价比的情绪点，或者跟创意广告结合抓搞笑的情绪点，或者跟葫芦娃联名抓春节年货的情绪点，既没有错过流行趋势，又一次次巩固了自己的感受基本盘。

Ubras做对了什么

再来看Ubras。Ubras从2016年就开始创业做内衣，但直到2018年才找对了感觉，开创了无尺码内衣这个新品类，自此成为"女性身体自由的守护者"和无尺码内衣的行业第一。

什么叫无尺码呢？在电商网站上搜"无尺码内衣"，你会看到很多半身小背心。它们的共同点是不分尺码和杯型，都用高弹力的舒适面料，配有水滴形的胸垫，没有传统文胸爱用的蕾丝、印花、刺绣、锁扣等。

这个故事要从2017年讲起。2017年，中国内衣市场掀起了一场"无钢圈运动"，也就是去除女性文胸里的钢圈，让文胸在保持传统文胸支撑力的同时变得更舒适。中国的无钢圈文胸市场当年就迎来了爆发，市场规模增速达到50%，而且各个年龄段的目标人群的消费额增速都要高于人数的增速。这意味着什么？这意味着，女性愿意为"无钢圈"的舒适感花更多的钱。

在那个时代，Ubras并不是无钢圈内衣行业的弄潮儿，当时的头部品牌主要是优衣库、曼妮芬、内外，甚至卖运动内衣的迪卡侬。

Ubras在感知到这个机会后也进场了。但它不是跟着叫卖说"我也是""我也卖"，而是在无钢圈的思路启发下，推出了"无尺码内衣"这个新概念。同时，它在设计上也做了一系列的创新——内衣不仅没有钢圈，也没有装饰，并且采用了更为舒服的面料。

Ubras告诉女性，这样的一件内衣不仅能够满足不同身材的人的需求，而且能给你真正的舒适、身体自由，甚至时间上的自由——因为不分尺码，你就不用再费神跑到线下门店去试穿和购买了，可以在电商网站上像买T恤一样购买。

其实要论个性需求的满足能力，传统的内衣更胜一筹。因为传统内衣不但分尺码，还分不同的杯型、花色和功能，有强支撑的，有聚拢的，还有配露背装、晚礼服的。鸡爪的指甲还形态各异呢，你想想也能知道，同一个尺码的内衣，不可能完全贴合所有女性的胸型。但是无尺码内衣确实舒适，而且在一定程度上还能替厂商提高生产效率。

在传统内衣一统天下的时代，厂商是很难简化生产流程的，因为每款内衣的个性工艺要求太高了。另外，消费者的尺码需求不一样，厂商就不得不储备全套尺码库存，卖不掉也得生产。而无尺码内衣通过不分尺码和采用高弹性面料，覆盖了所有女性的个性化需求。所以从工业意义上来说，无尺码内衣的创新其实是从个性化走向了标准化，要求消费者顺应效率。

那该怎么说服消费者相信这是对她们更好的产品呢？Ubras从舒适感入手，下探到了更深一层的女性消费动机。它意识到，女性所渴望的舒适和自由感，不但想通过产品功能获得，也想在社会认同层面获得。

舒适是一种安全感，自由也是一种安全感。为什么自由也是安全感？因为自由是"想怎样就怎样，而不必面对承受不了的风险与代价"，风险与代价可控，就是安全。

于是，Ubras的叙事策略就改变了。它把"无尺码"的"无"，解释为"无束缚"的"无"。这就让其产品在文化内涵上站到了比传统文胸更高的位置。在这个新的高度，一件文胸无尺码、无装饰，给厂商带来的效率并不重要，重要的是让女性不再因为别人的评价而选择穿什么，是引导女性真正地、全然地照顾自己的感受，是真正的悦己消费。

这样一套叙事，并不是在参数、功能场景这些理性的观念上让用户相信了"我的产品更安全"，而是从情绪上跟用户实现了共鸣，回应了女性安全和自由的感受需求：我知道你想要安全和自由，你的诉求是合理、正当的。所以，无尺码内衣这个品类一经创设，就大受市场欢迎，各家厂商也纷纷跟进。到了2020年"双十一"期间，Ubras在天猫的销售额突破3亿元，成为内衣行业第一品牌。

在此之后，Ubras也追逐过其他热点，但2021年因为李诞的营销得罪消费者之后，它很快就想明白了，回到了自己的感受基本盘。它转而签下超模刘雯当自己的品牌代言人，回到女性当中去讨论什么是舒适的关系，还抛开内衣这个品类本身，去讲述在享受到舒适关系之后，那些习惯了社会规则束缚的成年人会发生什么变化。这都是在不断暗示：我的目标客群心态和情绪的转换，是普遍的、正当的。

2023年三八妇女节，Ubras发布了一个宣传片：《让身体先自由》。它在这个短片里给出了一个更高的立意，大意是说：这些年，Ubras做了很多技术创新来满足女性的舒适感需求，这些技术被同行们抄走了。但抄就抄吧，毕竟市场上每多一件舒服的衣服，就多了一个身体自由的女性。

你看它的潜台词:"为了你们的舒适和身体自由,我宁愿让渡自己的商业利益。"这不但对女性消费者释放了巨大的善意,提高了女性的地位,还没有替她们得罪任何人。

所以我们可以说,Ubras同样守住了女性的安全感这个感受基本盘。它之所以能够在一个竞争激烈的领域里长盛不衰,经历了营销翻车却仍顽强占据山顶,这是很重要的原因之一。

端木良锦:国潮品牌如何做奢侈品[1]

关于另外两种感受基本盘——新鲜感和价值感,我们来讲一个案例,国产奢侈品牌端木良锦。

端木良锦的起家

端木良锦的创始人祁天是一个"80后"北京人,从小就爱收藏古玩。本科和硕士阶段,他先后在清华大学和美国宾夕法尼亚大学学建筑学,但学成归国之后,他没有去当建筑设计师,而是把自己的手艺用在了古玩圈。

祁天从2011年开始帮收藏家设计藏品的木质包装盒,因为他从小就觉得收藏圈有一件事不合理:买套几百万元的房子

---

1 想了解更多端木良锦的故事,请参见得到App课程《蔡钰·商业参考》"234 | 端木良锦:抓住古中国的热烈与仙气"。

还得花几十万元装修呢，可是藏家们花几百万元、上千万元买一个藏品，却只用一个百十来块钱的化纤锦盒装它。是藏家们舍不得用更好的盒子吗？他认为不是，是因为市场上没有好的供给。

所以，祁天就开始用"端木良锦"这个名字帮藏家们定制收藏盒。"端木良锦"的意思是端正的木头、良好的锦缎，而这都是做古玩包装盒常用的主材料。

做了几年，端木良锦开始有名气了，有的盒子卖几千块，有的能卖到十几万元。一些不玩收藏的人也来问，能不能定制纸巾盒、眼镜盒、雪茄盒。问的人多了，祁天就动起了念头：能不能把"包装盒"做成一种独立存在的产品？能不能走出收藏圈，给更大的用户群做产品？到了2015年，他拉上太太和一位大学同学，正式开始用"端木良锦"这个品牌做起了奢侈品包袋，去跟LV、爱马仕们抢市场。

聚焦1000年以前的中国

端木良锦要做什么样的包袋呢？材质上，祁天沿用了当时做古玩包装盒的思路，还是用木材、锦缎和皮革。风格上，既然是中国品牌，那当然要从中国文化里找品牌叙事。

你可能会觉得，木头怎么能做包包呢？真的能做，而且这还成了端木良锦在奢侈品市场上辨识度最高的特点。它几乎所有的包包，开合口都不是拉链或磁扣，而是一道木质的滑动卷帘。这是祁天把自己的建筑师技能投射在了产品上。另外，由于对古玩也有研究，他把自己的传统文化美学积累也投射到了包包的纹饰上。

祁天说，端木良锦的所有美学主题都来自宋代以前，主要是晋唐审美，也包含一部分汉代和先秦的审美。概括来说，它聚焦的是"1000年以前的中国"。

举个例子。端木良锦有一个自己设计的纹样，名叫"仙林逐鹿"，全景是一位仙人在丛林当中追逐百兽。这个纹样的灵感来自汉代的一块画像砖。还有一个纹样叫"炽焰纹"，灵感来自敦煌壁画里佛陀身后的火焰纹图案。

这正是端木良锦与其他品牌的区别所在。

市场上大多数消费品牌在中国文化里找映射，都更愿意在"1000年以内的中国"里找，因为离当代越近，大众就越熟悉，教育市场的成本就越低。那为什么端木良锦要在1000年以前的中国里找审美映射呢？

端木良锦的定位是中国本土奢侈品品牌，它的产品价格中枢在3万元。这个价格对应的核心客群是一群实现了"奢侈品自由"的人。

什么叫奢侈品自由？就是在消费奢侈品的时候，拥有财务自由和精神自由。

财务自由的人，此前在包袋消费上封顶的品牌就是爱马仕，但在他们的社交圈里，爱马仕往往谁都有好几个，已经没法给主人提供个性化需求了。

精神自由的人，通常不被奢侈品驾驭，而是希望借着奢侈品来进行自我表达。

面对这样一群高端客户，应该从哪个角度给他们提供产品呢？要回答这个问题，需要先回答另一个问题：要争取这群人，是在跟谁竞争？答案是，在跟全世界所有的奢侈品大牌竞争。

那么，怎么做才能跟这些奢侈品大牌竞争？这就需要给出超越大众一般认知的产品。

所以，端木良锦选择了聚焦"1000年以前的中国"，通过在中国文明里萃取更有世界性和时尚性的元素，为用户提供"中国经典"。

端木良锦做的这件事情，同时抓住了感受基本盘里的新鲜感和价值感。

占据中国奢侈品市场的，此前除了茅台，全都是海外品牌。很多新消费品牌都曾经尝试做奢侈品，但基本上没有做成过。端木良锦作为一个国潮品牌，成功跻身奢侈品之列，这本身就是一种创新。

价值感在哪儿呢？端木良锦的一位海外客户说过，她看到端木良锦的包包，感受是"我终于等到了"。等到什么了？等到在外国朋友面前，有一个品牌可以用审美、制作工艺和质感来替她传达自己民族的文化叙事。当她拿着端木良锦的包，而不是爱马仕，去跟一名欧洲老钱家族的女性站在一起时，这个包能够帮她告诉对方自己是谁，并告诉对方两人在某些时候是不一样的。

所以，通过让今天的客户跟伟大的历史站在一起，端木良锦挖掘出了中国人的文化自信，而这份自信还是有认知门槛的，不是街头巷尾都能看到的中国元素，这就让客户完成了对自我价值的确认。

借着这一节的几个案例，我想跟你说的是，与其不停追逐快速变化的市场情绪热点，不如去抓住有稳定用户群的感受基本盘。这个方法更能帮助产品和品牌对抗时间和危机。

三、顺应心理动机，提供情绪化解方案

这一节，我们将从情绪生成公式中的心理动机这个变量入手，抓住前面讲到的"动机基本盘"，也就是成长、和解、归属和存在所对应的自我认同和社会认同，来提供情绪回应的解决方案。

下面我们通过两个案例来看看具体应该怎么做。

Keep：代表社会认可你

Keep是国内用户规模最大的在线健身平台，月活跃用户在3000万上下，主要是上班族和在校大学生。

从2015年创立开始，Keep就一直在摸索自己的盈利模式。它卖过会员，卖过付费课程，卖过健康产品，也卖过运动服饰和装备，还开过健身房。

2022年，它的业务线里突然蹿出一匹黑马。互联网界的运营高手韩叙公开透露说，Keep光是向用户卖奖牌，收入就已经有5亿元了。

怎么回事呢？简单来说，就是Keep把运动奖牌做成了潮流玩具，卖给了自己的用户。

Keep一直在自己的平台上组织不同主题的在线运动挑战赛，鼓励健身爱好者参加。这些挑战赛其实更接近马拉松，鼓励用户实现对自己的超越，而不是像参加运动会那样去争夺唯一的金牌。

所以，不管有多少用户参加，不管是几千人还是几万人，只要完成自己的目标，比如慢跑3公里、徒步8.4公里、骑动感单车4公里，或者跳绳1000个，等等，用户都算挑战成功。至于花了多长时间才完成，分了几次才完成，没关系，都不重要，都算赢。Keep很宽容。

用户只要在一场挑战赛里报了名，在Keep里记录了相应的运动轨迹，Keep就会把他心仪的奖牌快递到家。对了，这些挑战赛是要付费报名参加的，报名费从十几元到几十元不等。最便宜的19元这一档，只能拿到App里的虚拟奖章。要想拿到一块实体奖牌，你得交贵一点的报名费。

这件事本来是健身圈的小众趣味。但到了2021年，Keep组织了一场"5·20线上马拉松"。有一个用户特别机灵，参加完比赛，就把自己跑了5.2公里的奖牌送给了伴侣。谐音嘛，520，我爱你。这个伴侣在抖音上一发，Keep奖牌马上成了这一年"5·20"最高级的情侣礼物，Keep的赛事也一下就破圈了。社交少女们纷纷燃烧了起来，把男朋友和自己都卷进了Keep。

Keep从善如流，马上顺应需求，举办了很多面向社交少女的线上比赛，还特意为了她们去找一些知名IP做联名合作。而且，很多赛事的主题也非常迎合女性的情绪：这场叫"超级女孩"，那场叫"最佳女主角"，等等。这狠狠地激发了女性用户的共情和奖牌收集癖。

2021年12月，Keep组织了一场线上慢跑，任务难度其实不大，3.6公里。奖牌图案是找日本三丽鸥公司授权的一只卡通大耳狗。这只大耳狗又叫玉桂狗，是三丽鸥推出的一个颇有人气的卡通形象。光这一场活动，Keep就吸引了40多万名付费用户。

Keep的奖牌赛事一破圈，整个2021年，它的线上付费内容，尤其是虚拟赛事的收入，同比增长超过了500%。到了2022年，Keep的虚拟赛事收入继续猛增，它发行的各种奖牌，也变成了抖音和小红书这类社交媒体上的主流社交货币。

潮流达人们最初的话题走向基本是"男朋友/女朋友/好朋友/我自己又为自己赢了一块新奖牌"；到后来深化了，变成"有没有人愿意拿海绵宝宝换史努比"；再到后来，又变成了"怎样花式布置奖牌墙"。现在在淘宝和闲鱼上，居然出现了承接Keep代跑业务的职业黄牛。

这个业务走向，估计是2015年的Keep也没想到的。确实，对专业的健身爱好者来说，汗水和运动数据本身就已经是最大的情绪资源和奖赏了；但对更多的健身小白来说，比起跑完5公里的数据截屏，一块可以拿在手里、像潮流玩具一样的实体奖牌，显然更能起到激励作用。

那么，Keep的奖牌顺应的是什么动机呢？它提供了一种既标准化又美观的社会认同，让普通人可以用更低的成本告诉自己的社交圈：我爱运动，我很新潮。这个成本低到什么程度呢？低到几十块钱，低到可以不必亲自完成。更重要的是，这块奖牌是由Keep快递过来的，某种意义上像是在说："我的运动人设不是自封的，是Keep代表社会认可了我。"

所以，"代表社会认可你"，就是Keep进行情绪回应的思路。

晨光文具盲盒：代表宇宙祝福你

你可能知道，中国的学生文具市场中有一个细分品类——考试用笔。这个概念是由晨光文具率先提出的，等于重新定义了一支笔在考试这个关键场景里的功能价值。考试嘛，那必须严阵以待。所以考试用笔概念一出，晨光文具大获成功。这是20世纪第一个10年的事。

但在中国供应链的实力面前，一支笔的功能价值是没法做差异化的。一时间文具同行纷纷跟进，考试用笔很快变成了一个行业通用的文具品类。

怎么办？咨询公司华与华给晨光文具出了一个主意：你去找山东曲阜孔庙要授权，把"孔庙祈福"这几个字的使用权买过来，当成你的考试用笔的品牌。

于是，2008年，晨光在高考前夕推出了"孔庙祈福考试用笔"。这种笔最早的版本其实就是一支普通的大容量写字笔，再加一根笔芯，但是它在包装上专门印上了"孔庙祈福"的字样，所以刚一上市就被抢疯了。

它好不好用先不论，学生和家长们想买的其实是一个好意头：这可是在孔庙祈过福，得到过孔子他老人家针对性祝福的考试用笔。一下子，它就在情绪价值上跟其他的普通考试用笔拉开了差距。

到这儿就结束了吗？还没有。前几年不是流行盲盒吗？晨光也进入了盲盒市场。它很快把孔庙祈福考试用笔做成了系列盲盒。

这个盲盒还是考试用笔，总共6支。每支都独立封装，得拆开才能看到。每支笔的笔帽上印有不同名目的祝福贴：高分福，管考试的；必胜福，管竞赛的；另外还有考运福、元气福、锦鲤福、金榜福等。

这套盲盒考试用笔，学生们既可以买单支，也可以一次性买全套6支。你要是买单支，那就是一支的盲盒，晨光就认为你是来买惊喜的，会随机给你发货，你不能挑。你要是下单买全套，晨光就认为你买的是确定性，就把一套6支都给你配齐，不会重复，也不会有缺漏。

晨光当时给这套笔设计的广告词是："考试认准这个福"。你想想，这在学生群体中得是多厉害的暗示。有的学生其实不缺笔用，但在考试前还是会买一支，就当买一个好意头。

而且这次的好意头，在"孔子祝福"的基础上，还多了一点点真实感。因为笔帽上印的祝福贴是什么内容，不是买家自己能决定的。就这一点点不确定性，反而提升了大家的情绪体验。学生们收到笔的时候，不会认为这支笔是"来图定制"，反而会觉得自己冥冥之中获得了一支上上签，是孔子和宇宙在跟自己互动，帮自己选了一份夺取高分或者金榜题名的祝愿。对应考的学生们来说，晨光这支笔就承载了远比晨光这个品牌本身更强大的情绪力量，它在"代表孔子，代表宇宙祝福你"。

后来，晨光按照同样的逻辑，又做了一套"锦鲤笔盲盒"，本质上也是一盒好运上上签。只不过这套笔的祝福题材更广了，给消费者送的是桃花、好运、如意、友善、平安、考神和富贵。

"代表宇宙祝福你"，让消费者感觉自己在人群中是特殊的、被祝福的存在。这就是我们可以从晨光文具这套打法里看到的情绪回应的思路。

让产品成为"命运代理人"：
代表社会回馈你

你发现了吗？前面两个案例，都是通过产品帮普通人找到了归属和存在感。在这个过程中，产品不仅是功能的载体，还成了某种意义上的"命运代理人"，来给普通人提供社会认同。

而提供社会认同这种思路其实还可以反向操作。

2021年夏天，鸿星尔克顶着自己的亏损给河南雨灾捐了5000万元，感动了全国网友，于是网友们冲进它的直播间疯狂下单。鸿星尔克劝网友们理性消费，网友们却说我非要野性消费不可，甚至说"你只管卖，鞋不合脚是我脚的问题"。

基于类似的激情，网友们还野性消费过白象方便面、蜂花护发素等。买白象方便面是因为，网友们发现它默默雇用了很多残疾人。买蜂花护发素是因为，有网友说在超市看不到蜂花的产品，怀疑它倒闭了。结果蜂花主动回应说，自己太便宜了，没钱打广告。网友们一翻它的历史，发现它成立36年来没有任何行政处罚记录，这又触发了一群热心网友对良心企业产品的护短式购买。

这些野性消费背后的情绪回路，可以叫作"代表社会回馈你"。当你让潜在用户意识到你在善待社会时，哪怕他们不是直接的受益者，其中一部分人也愿意通过消费来代替社会回馈你，表达对你的认同。在这个过程中，他们自身也能得到情绪的回应。

乔布斯：现实扭曲力场

在今天的商业消费和互联网市场上，我们经常能听到"现实扭曲力场"（Reality Distortion Field）这个词。苹果创始人乔布斯有一句经典的提问：你愿意卖一辈子糖水，还是要和我一起改变世界？这就是在运用他的现实扭曲力。

什么叫现实扭曲力场？简单来说，就是瓦解别人对现实的既有认知，再把某个愿景扭曲成必将到来的新现实，让别人选择接受这个新现实。

这样一种蛊惑人心的能力，大到创业找融资和带团队，小到营销和谈判，都用得上。

先讲一个乔布斯的故事。

2010年，在iPad发布之前，苹果找到美国的各大出版商，请他们在iPad平台上出售电子书。

新闻集团旗下的出版商哈珀·柯林斯不是很满意苹果给出的合作条件，集团负责的高管给乔布斯发了一封邮件，开出了自己的条件。这位高管挺有来头的，是新闻大亨鲁伯特·默多克的儿子，名叫詹姆斯·默多克。詹姆斯在这封邮件里还写上了自家跟亚马逊的合作条件，言下之意是，亚马逊这么大一个平台都对我这么好，你一个前景未卜的新平台，可得识相点儿。

乔布斯的回信是这么写的：在今天的商业模式下，亚马逊这种零售价低于批发价、不赚取合理利润的做法难以持久。

这里面的重点是，乔布斯把亚马逊定性成了旧时代的旧势力。

乔布斯接着说：随着电子书市场扩大，发行平台需要获得一小部分利润。而且，亚马逊将新电子书一律定价为9.99美元，看似吸引了流量，实则损害了图书在读者心目当中的价值，（其他）出版商不希望这种做法持续下去。

这里面有个背景：亚马逊卖电子书其实是亏本的。它当时从出版商那里批发电子书的平均进价是每本13美元，却用9.99美元的价格卖给读者。对读者来说这是好事，便宜买书谁不愿意呢？但乔布斯否定了这种做法，他说这是在损害图书这种产品的价值。

接下来，乔布斯又引用分析师的估算说：亚马逊的Kindle阅读器在发布后一年半的时间里销售了100万台，而iPad在发布的头几个星期，销量就将超过Kindle的历史累计总值。

这是在说什么？是在说我iPad才是时代之子，我才是新世界的代表。

再接下来，乔布斯对詹姆斯说：如果你坚持和亚马逊、索尼等公司合作，你将会在主流数字图书革命当中处于边缘化的位置。苹果是目前唯一一家能够冲击市场的公司，6大出版商现在已经有4家和我们签约了，一旦我们向二线出版商开放，我们将会拥有更多的图书，希望看到你们成为其中的一员。

这是在说什么？是在说你只有选我，才不会落后于时代。

这封邮件一发，詹姆斯再回信的时候口气就转软了，他一边妥协，一边还想再争取点什么。

结果，乔布斯又回邮件加了一棒："也许我们苹果会错过一些东西，但是我看到你们公司并没有其他的替代选项。"

最后，在乔布斯扭曲过的现实力场里面，哈珀·柯林斯终于在 iPad 发布的前一天完全答应了苹果的条件。

事实上，iPad 真的成了 Kindle 的挑战者和颠覆者吗？并没有。十几年来，苹果的图书业务从未真正威胁到亚马逊，亚马逊在全球电子书行业也一直地位稳固，并没有像乔布斯预言的那样被边缘化。

为什么当时的哈珀·柯林斯会放弃亚马逊定义的合作标准，接受乔布斯的条件呢？因为亚马逊才是主导者这个现实，当时被乔布斯给发力扭曲掉了。在乔布斯扭曲过的现实力场里，哈珀·柯林斯只有两种选项：终将被淘汰的旧势力亚马逊，或者新世界的代表苹果 iPad。

这就是现实扭曲力场的能力内核：让对方相信他所处的现实是错误的或者不重要的，再把自己的新目标描绘成意义巨大的新现实，种到对方心里。这等于是对感受进行编码，让对方形成认知，从而改变对方的心智。

乔布斯是怎么做到的呢？我们来拆一拆他的套路：

第一步，把问题放到宏大语境下讨论，这有助于营造不同选项的能量差距。

第二步，把对手描述成阻碍进步的旧势力。

第三步，如果做不到第一步，那就瓦解对手原本的价值和意义，把它还原成一个普通个体的常规行动。

第四步，给自己戴上趋势光环。在宏大语境里，把自己这一方定义成人类的拯救者，把自己想做的事情定义成新世界的推动力量。

第五步，用悬殊的意义差距来召唤对方的使命感，或者制造孤立与落后的恐慌感。

回头看前面跟哈珀·柯林斯的交锋。乔布斯说：

亚马逊的做法不合理、难以持久。它还损害了图书价值。——你看，妥妥的旧势力。

iPad销量马上要全面超越亚马逊的Kindle了。——你看，这是给自己戴上趋势光环。

出版商只有选我，才不会在主流数字图书革命中被边缘化。——你看，这是在制造掉队恐慌感。

我们再来看一看乔布斯那句名言：你愿意卖一辈子糖水，还是要和我一起改变世界？

卖糖水？肯定碌碌无为。改变世界？这是使命召唤。两个选项的能量差距如此之大，以至于稍微有一点进取心的人就顶不住。但事实上，乔布斯当年的提问对象是百事可乐的总裁约翰·斯卡利。百事可乐可不是普通的糖水店，斯卡利也是当年全美国最红的消费品营销奇才。在当时的饮料行业里面，百事可乐也是有机会改变世界格局的。

就这样，乔布斯的叙事顺应了人们心中既有的胜负欲和人们对美好的向往，因此能够获得对方的认同。他通过扭转对方的感受，成功地化解了对方的情绪。

案例

空间产品——用户的情境驿站

很多产品情绪价值的触发，往往只在你使用它的瞬间。不过有一种产品比较特殊，它有能力持续地回应和唤起用户的情绪，转化成价值。这就是空间产品。

消费和零售行业对空间的重视其实并不新鲜。零售行业早就有一个经典的思考模型——"人、货、场"，也就是研究"把什么货放在什么空间里卖给谁"。

但是这些年来，我们看到越来越多的商业业态开始把空间本身做成了产品。

这几年，"景点"这个词的指代对象悄悄发生了变化。以前提起"景点"，我们很容易想到名山大川、名胜古迹；而现在提起"景点"，我们更容易想到的是一个又一个网红打卡点——网红餐厅、网红书店、网红民宿和度假酒店、举办各种网红展的购物广场，或者本身就是一座艺术建筑的大型商业中心，以及迪士尼、长隆、方特这类主题乐园。这些都是城市里新崛起的商业人造景点。

人们为什么要去这些人造的景点呢？

我们可以往前想一个问题：一个人为什么要出门？除了生计所迫、任务驱动、工作、上学、觅食，人在非必要的情况下出门，是为了满足什么需求？

在我看来，**除了日常需求，人出门还为了三件事：获得良好感受、寻找意义和逃离当下。**

一代代的商业玩家，之所以能够成功地获得流量，把人吸引到自己这里来，完成消费转化，其实是因为不断地回答了"人愿意把时间花在什么样的物理空间里"这个问题。通过提供空间产品，他们给人类制造出了一个又一个的出行目的地。

像文和友、迪士尼、共享办公室，还有各种度假酒店，都是很有特色的空间产品。对了，重庆有一个名叫冷水的高速公路服务区，直接把服务区做成了生态旅游山庄，推荐你去看一看。

唤起好情绪，修复坏情绪

空间产品为什么能够持续地回应和唤起用户的情

绪呢？那是因为，商业玩家们把物理空间打造成了情境驿站，让人们的某一类典型情绪能够始终在这里触发，或者始终在这里化解，也就是持续地唤起人们的好情绪，修复人们的坏情绪。

我们可以把这种操作翻译成一个简单的公式：**内容＋空间＝情绪场**。

来看四组典型的例子。

深夜食堂：守夜灯

我们要讲的第一组空间产品，触发的情绪是"安全感"。像深夜食堂、24小时便利店和菜市场，都属于这一类。它们对用户传递的信息是：无论何时，我一直都在。

听到"深夜食堂"这几个字，你心头可能会泛起这样的情绪：一座深夜食堂就是暗夜里小小的光明和温暖，在那儿永远有一碗热汤在等着疲劳的打工人。深夜食堂提供的情绪资源，是抚慰。

你家和办公室楼下的24小时便利店也能提供类似的情绪资源。不管是7-11、可的，还是美宜佳，无论多晚，你永远知道在那里可以充饥，可以取暖。今天，中国城市里的24小时便利店，其实代替了20年前家门口永远为你亮着的那盏灯。它所提供的情绪资源，是守护。

菜市场也能提供类似的情绪资源。人们一听"菜市场"这三个字，就感觉人间烟火气扑面而来。都说"人间烟火气，最是暖人心"，烟火气就是我们每个人成长过程中的生命痕迹，而菜市场又是人间烟火当中那个最显性的符号，能够触发我们成长的记忆。

肯德基：自习室

第二组典型的空间产品，触发的情绪是"价值感"。

观察一下周围，我们会发现，今天很多40岁以下的中国人，心里对麦当劳和肯德基有一份很特别的认同。说得夸张点，这两个品牌对今天的很多中国人来说，就跟中石化加油站和金象大药房差不多，可以算作"自己人"。

但是，它们明明是美国的快餐连锁品牌呀。

肯德基是1987年进入中国大陆的，麦当劳是1990

年。如果5年算一代消费者的话，它们在中国已经陪伴了6代人。这期间，中国市场上林林总总出现过很多连锁餐饮品牌，本土的、外资的都有，像马兰拉面、真功夫、赛百味、汉堡王、德克士、宏状元等，没有谁能够达到肯德基和麦当劳的地位。

这是为什么？从某种程度上说，是因为在上几代消费者心里，麦当劳和肯德基是他们学生时代的"自习室"，承载过当年那个青涩的自我。人需要认可自己的成长，自然也就需要认可自己的奋斗过程和痕迹。在认可自己的过程当中，他们就会不自觉地向麦当劳和肯德基移情。

星巴克的地位与之类似。在餐饮行业当中，星巴克率先提出了"第三空间"的概念。它一开始的定位，是人们的精神休闲之地。但进入中国以后，因为产品定价比较高，它没能如愿成为城市人群闲散消费的首选，却阴差阳错地成了商务人群拼事业、展宏图的"会议室"和"办公室"。在很长一段时间里，因为需要肯定自己奋斗的价值，中国的商业精英们也会下意识地对星巴克产生情感认同。

小佩宠物：青春茶馆

接下来讲第三组空间产品，我先举一个例子：宠物硬件公司小佩宠物和它的一群特殊顾客——上海阿姨。

作为一个新消费品牌，小佩宠物最早是做宠物智能硬件的。2016年，它开始进军线下，在上海开设了多家线下门店，帮附近社区的猫猫狗狗们洗澡、洗牙、美容、寄养，也顺带卖宠物和宠物用品。

你猜这样的门店里消费主力会是谁？新消费品牌嘛，理论上是年轻人对不对？小佩宠物做着做着发现，竟然不是，而是住在附近、有一定年纪的阿姨们。阿姨们遛狗或者散步经过，会经常到门店里买宠物零食、宠物保健品，给猫猫狗狗洗澡，购买力极强。小佩宠物内部有个玩笑说，一个上海阿姨的购买力抵得上5个年轻白领。

那么，能不能把这些阿姨导到线上，让她们在线上也做一些交易的联动呢？毕竟对她们来说，亲自到店买几袋猫粮、狗粮拎回家，还挺沉的。

但是，店员们试过之后发现，线上那点价格优势，根本激不起阿姨们的兴趣。阿姨们更享受到门店跟店员交流和互动的氛围。享受到什么程度呢？即便没什么想买的，阿姨们也会时不时带两杯奶茶过来给店员喝，跟店员闲聊。

从情绪回应的角度分析，对于这些阿姨来说，像小佩宠物这样的线下店代表的是一家"青春茶馆"，让她们能在这里跟下一代发生连接。这也是很多做线下店的新消费品牌发现的一个新机会。

在线上社会里，阿姨们可能不会跟年轻人成为频繁互动的朋友。但在宠物店里，她们就能轻易地跟年轻人产生共同兴趣和共同话题，而且还能享受到年轻店员们对顾客的耐心。

感受活力，感知世界，借助宠物店的青春气息来抵抗自己对老去的恐惧，感知到自己被时代巨轮接纳，小佩宠物的线下店给阿姨们提供的这些情绪资源，哪是电商平台能给的？

迪士尼乐园：菩萨庙

讲完空间如何唤起人的好感受，我再来讲一个空间如何修复坏情绪的典型案例。这个案例你应该很熟：

迪士尼乐园和它的知名IP玲娜贝儿。

玲娜贝儿是上海迪士尼在2021年推出的一个IP形象——一只元气满满的粉色小狐狸。它并不像别的迪士尼人物那样有自己单独的故事、单独的电影，但在上海迪士尼，有专门的玲娜贝儿毛绒公仔售卖，还有专业的工作人员扮演它。

玲娜贝儿这个IP非常神奇，刚一诞生，消费者就为之疯狂。它攒下了一大堆粉丝，并且这些粉丝都把它看作女儿、妹妹或者好朋友，都愿意一去再去，每次排长长的队，只为了跟它短暂地互动。

我们前面讲过，人有四种情绪动机基本盘——成长、和解、归属和存在。迪士尼乐园和玲娜贝儿帮人们实现的，就是底层动机里的"跟自己和解"。

我在小红书上看过一个年轻姑娘的故事。这个姑娘在上海出差，很辛苦，项目终于结束后，她临时决定第二天去迪士尼看玲娜贝儿。姑娘在头一天晚上买了迪士尼的门票和早享票，第二天可以比别人早一个小时入园。然后她凌晨2点30分起床，3点打车去迪士尼，把司机都震惊了。

结果，当她不到4点抵达迪士尼的检票口时，她发现自己只能排在第十二位。你看，这个姑娘对迪士尼的冲动并不是个例。

她顶着凄风冷雨等到了早上 7 点 30 分，终于能过安检了。她换票进园，中间又遭遇了各种各样的检票故障，这些事都很费时间，也很消耗情绪。终于入园之后，她跟大家一起撒开腿直接往玲娜贝儿的互动区跑，跑到那儿又继续进行漫长的排队，最后终于在下午 2 点 30 分左右，站在了玲娜贝儿的面前。

你看看，从出门算起，已经过去了十几个小时。姑娘站在玲娜贝儿面前刚说了两句话，就感触万千地哭了出来。玲娜贝儿拥抱了她，两个人合影，然后再次拥抱，告别。

离开玲娜贝儿之后，姑娘找了个商店的角落尽情地哭了一场，然后她突然觉得自己没事了，心情好了。她看了花车游行，随便逛了逛，又去取了自己跟玲娜贝儿的合影，在傍晚 6 点离开了迪士尼。

这个故事发生在 2023 年，距离玲娜贝儿问世已经两年过去了，为什么这只网红小狐狸的热度还没有消退？为什么年轻人愿意把最深重的情谊，留给这只不会说话的小狐狸？

读完这个姑娘的这段经历，我们可以找到一个解释：迪士尼对她来说意味着什么？与其说是一座游乐场，不如说是一座"菩萨庙"，而玲娜贝儿是等在里面抚慰众生的"小菩萨"。

诞生在中国市场的玲娜贝儿，成了当下中国年轻人纾解压力、寻求情感支撑的绝佳对象。你知道它永远在乐园里，等着用善意和淘气的方式逗你开心，给你安慰。互动时间短，不能说话，甚至也成了它的优点，因为你不需要向它解释那些不可名状的复杂情绪，也不需要担心它说的话让你感觉自己并没有得到理解。

这样的玲娜贝儿，把整座上海迪士尼变成了年轻人的情绪修复空间，变成了一个对这群人来说意义不一样的地方。

所以，空间产品怎么回应消费者的情绪？最简单的办法就是去挖掘典型消费者身上的某种共同情绪触点，让自己成为某一类型的情境驿站。这样，消费者在对这类情绪波动和情绪资源有需求的时候，就会第一时间想到你，从而对你的空间产品产生黏性。在完成了自我的情绪和认知成长之后，消费者也会把对自己的认可迁移给你。

福寿园：把墓园变成公园

我们用福寿园的案例来做进一步分析。

福寿园是一家从事殡葬和生命科技服务的企业。你可能会想，殡葬业务是特许经营业务，旱涝保收，福寿园有动力去做价值探索吗？再说了，殡葬业务是替人们处理死亡事宜的业务，这场景也太特殊了，它的思考对别的行业有参考作用吗？

让我给你讲一讲我从福寿园听到的一些信息。

福寿园的创始团队是在20世纪90年代接下的墓园业务。几个创始人拿下项目之后，去意大利、法国、俄罗斯考察了一圈公墓的业态，发现成熟市场上最有吸引力的做法，是增加墓园的历史性和艺术感，把墓园做成人文纪念景区。

尤其是巴黎的拉雪兹神父公墓，里面安葬了无数文人才子，比如巴尔扎克、肖邦、王尔德等，常年有世界各地的游客慕名前去打卡。

受到这趟考察的启发，福寿园内部形成了一个共识：墓园生意，本质上卖的是放心和安慰这两种情绪。

那么，买家是谁？不是逝者本人，而是生者。作

为逝者的亲友，生者感到放心和安慰，就会产生"我
愿意让所爱之人长眠于此"的念头。

一个空间产品，用来承载生者的放心和安慰两种
典型情绪。这样，福寿园就给传统的殡葬业务找到了
新的目标用户和新的目标感受。

不过与此同时，福寿园还面临着一个挑战：墓园
的空间资源是有限的。想要在有限的空间里把放心和
安慰卖出去，还要让自己的业务可持续，应该怎么
做呢？

墓碑要瘦身，纪念要扩容

从2000年起，福寿园确定了自己在中国做墓园业
务的思路：墓碑要瘦身，纪念要扩容。

所谓"墓碑要瘦身"，是指把人们怀念逝者所需要
的物理空间载体变小。具体来说，就是把墓碑做得更
小巧、更具有艺术性。这样一来，既让整座墓园有了
更大的容客能力，也让它跟传统墓园产生了区别，气
氛没那么压抑。

于是，福寿园开始尝试给客户推制艺术墓碑。这些

墓碑有书卷形状的、爱心形状的，有贴一个小蝴蝶的，还有小农舍、象棋棋谱形状的，甚至有的就是开采出来的天然石块。整座墓园按照不同的主题分区，根据不同的主题设计不同的亭台楼阁，种植不同的奇花异草。

2010年到2019年这10年，福寿园艺术墓碑业务的年复合增速是21%，已经抢占了越来越多的传统墓碑的市场。不过，还是有很多逝者家属选择传统墓碑，理由之一是，墓碑太小不好刻字，墓碑大了才能够承载自己要的纪念内容。举个最简单的例子。一位老太爷身后有20多个子辈、孙辈和曾孙辈，小巧的艺术墓碑刻不下这么多孝子贤孙的名字，只有传统墓碑才能让后辈表达和彰显孝心。

怎么在推广艺术墓碑的同时，承载家属们饱满的纪念需求呢？福寿园决定，把这些内容放到云空间里，做"生命元宇宙"，用虚拟空间来拓展人们对逝者的怀念。云空间不但能容纳更多的纪念者，也能存储更多的墓志铭、纪念诗歌、照片、音频和视频。

既然云空间已经可以充分承载亲属的哀思，那么实体墓园就可以腾挪出来，去承载更具有公共性的本地历史和文化记忆。换句话说，所谓"纪念要扩容"，也就是把纪念逝者所需要的精神空间载体放大，不光指把纪念逝者的空间从线下搬到线上，还指从个人与家庭纪念扩容到公共人文纪念。

基于这个思路，福寿园把它的部分墓园做成了人文纪念公园。

像上海福寿园，里面葬有1000多位具有公共历史意义的名人，包括陈毅、汪道涵、阮玲玉、张瑞芳等，还有邓丽君的衣冠冢。福寿园专门给这些名人做了艺术雕像，并且跟他们的亲属、后辈一起给他们撰写墓志铭。什么样的墓志铭呢？不是只讲人物的生平，而是去提取人物一生中最具有情绪张力的金句，来唤起普通人的共鸣。

比如，复旦大学哲学教授俞吾金的墓碑是一部卷起来的书卷，墓志铭是短短的一句话："哲学需要的不是三心二意的追随者，而是普罗米修斯式的献身者。"你看，全然不提逝者，谈的是大家所爱的哲学。作家陆幼青的墓志铭谈论的倒是死亡，但是也很发人深省："生命因为有结局而绚丽。"

除此之外，上海福寿园还专门在园区里开设了一家人文纪念博物馆，用来存放名人家属捐赠的特殊纪念物，比如书画家吴昌硕的洗墨缸、汪辜会谈的宴请菜单、导演谢晋的导演椅，等等。它还推动这家博物馆加入了国际博物馆体系，也就是让自己成了国内外游客的候选旅游目的地。

福寿园的所谓"瘦身与扩容"，其实是在把自己当作空间产品，去思考怎样回应用户的情绪，拓展自身的价值。它其实问了这么两个问题：

第一，谁是自己真正的用户？

在传统殡葬行业，真正的用户是逝者。但是，福寿园决定把答案定义成生者，而且不只是逝者家属，还包括更大范围的社会民众。这样一来，它拓展情绪价值的空间就扩大了。

第二，墓园在传统观念里是一种不太讨喜的空间产品，怎样才能扭转市场对它的印象，积极地回应用户的情绪？

对于这个问题，福寿园给出的就是前面那个答案——"墓碑瘦身，纪念扩容"。这个思路翻译过来，就是帮生者跟逝者的死亡和解。

你想，做艺术墓碑，做人文博物馆，把墓园变得不像墓园，这其实是在消除民众对死亡的避讳和恐惧，也能让逝者的亲友们感觉到，这里比别的墓园有更强的生机，逝者在这里能得到更大的尊重，还能与德高望重者为邻为伴，从而觉得放心和安慰。

这样一来，就有了给生者种草的可能性。对生者来说，他们对福寿园的印象不仅限于"如果非死不可，长眠于此还不错"，还包括"我可以来这里寄托情绪，思考生命"。墓园不再仅仅是一个个家庭纪念先人的地方，而是变成了公众的情境驿站，去承载公众在思考生命、死亡和历史议题时内心泛起的情绪。

这就是福寿园想要推动的变革方向。

如何唤起普通人的共情

殡葬行业面对的用户场景非常极端：它要帮自己的用户处理"死亡"。它的一类用户是无法再提供反馈的逝者，另一类用户是情绪低落、悲伤的亲友。它的业务发生频次很低，还没办法用常规的模式来获客。

但福寿园转变了思路，把生者当成自己的目标用户，把墓园做成了人文纪念公园。那么，从经营的角度来说，福寿园是怎样唤起普通人的共情，实现业务种草的呢？

福寿园团队摸索出了一套产品价值方法论，也是一个等式：**墓园价值＝记号＋纪念＋记载**。

你应该觉得这个等式有点眼熟，因为它就是我们产品价值等式的变体。产品价值＝功能价值＋情绪价值＋资产价值。

福寿园所说的记号，就是安葬逝者的墓园和墓碑，提供的是功能价值，前面已经解释过了；纪念，就是给亲属们提供的祭扫和纪念服务，这提供的是情绪价值；记载，是帮亲属们记载各种家族传承、文化、先人事迹，这相当于帮用户家族沉淀资产价值。

ChatGPT问世后，福寿园又开始考虑，能不能跟亲属们合作，在云空间里为他们打造数字先人——还原逝者的容貌、声音、个性和思维方式，来跟思念他们的亲人互动。

在纪念层面，也就是对情绪价值的挖掘上，福寿园的思路仍然是回到放心和安慰这两种情绪资源，去帮逝者亲友跟死亡和解。

它有三类动作很有代表性：

第一，给予逝者和死亡本身足够的尊重，增加生者的安全感。

我们从对逝者的追思环节说起。一般逝者在落葬之前都有追悼环节。在公立殡仪馆里，追悼会通常都有时间限制，要么30分钟，要么45分钟，必须按时走完，因为下一家人还在排队。

而福寿园则配备了很讲究的追思大草坪，帮用户把追思会安排得像一个家庭纪念日。福寿园可以在大草坪上办冷餐会、音乐会、分享会，可以遵照逝者和家属的意愿设计个性化环节，也不限制时间，让逝者亲友可以充分地表达哀思，宣泄情绪。

而且请注意，福寿园在这个环节用的词是"追思会"，而不是"追悼会"，它刻意地回避掉了"悼"字。

"追悼"的"悼"更像是站在逝者和传统习俗的角度，居高临下地给亲友们提情绪要求——你必须悲痛，也只能悲痛。而"追思"的"思"则把逝者和亲友的关系拉到了更对等的位置上——亲友当然可以悼念逝者，但其他的思念情绪，也可以被看见、被表达、被释放。

这样一来，追思会就去除了传统追悼过程的慌乱感和刻板，让生者感觉自己和逝者都得到了尊重。

第二，顺应亲友们对逝者的不舍，帮亲友和逝者构建持续的情感连接。

举一个例子。2021年，肝胆外科专家吴孟超院士去世，上海福寿园承办了他的追思会。福寿园与吴院士的家属和学生们合作，用AI智能语音还原了吴院士的声音，还参考吴院士生前最惦记的事情，问了亲友们4个问题。

其中有一个问题是用吴院士的声音问护士长："现在护士们的待遇有没有提高啊？"原以为再也听不到的师长关怀又一次萦绕耳边，现场的人们顿时纷纷落泪。

再举一个例子。福寿园在河南的墓园给一位解放军老战士举办追思会，先是去老战士战斗过的所有地方各收集一小撮泥土，让它们陪着老战士一起落葬；然后又请来小战士在落葬环节吹了一曲军人们耳熟能详的《熄灯号》。号声一响，老战士在场的老战友们全都热泪盈眶。

我们在前面讲过4种人类普遍的情绪动机基本盘：成长、和解、归属与存在。在这两个例子里，生者就能够明确地感觉到逝者在这里找到了归属和存在，而生者通过自我代入也找到了自己的归属和存在。

第三，帮亲友们把宣泄哀思的需求，转化成获取安全感和价值感的行动。

福寿园的墓园里有一类特殊群体——未成年逝者。针对这一群体的家庭，福寿园有特殊的长期关怀计划。

福寿园给未成年逝者设立了专门的园区。这一方面是为了让家长们觉得自家孩子有同伴，不孤单；另一方面是这个园区会拥有特殊待遇，家长们想怎么装饰墓穴都行，福寿园充分尊重家长的意愿。

此外，福寿园还会为这些失去孩子的家长们组织活动，比如去少年管教所当义工，或者安慰其他的丧子家庭，等等。2008年汶川地震之后，福寿园还专门组织自己的家长用户去汶川，开解和帮助当地失去孩子的父母们。

从这些活动当中，哀痛的父母们获得了什么？他们通过关照彼此找到了归属，又通过帮助其他人实现了自我价值的输出；他们既找到了自我的存在，也收获了某种与自己的和解。

通过这几类动作，生者能够明确感受到"长眠于此的人不孤单",逝者的特殊意义也被充分地看见和铭记。生者在体验这些的同时,不自觉地会代入想象自己的生命历程,自然也就会下意识地对这样的空间产品和服务产生认同。

这样一来,他们一方面会觉得"我愿意让所爱之人长眠于此",另一方面也会产生"我往生之后也愿意长眠于此"的念头。

这就是福寿园给我们的启发:通过为逝者提供归属感和存在感,福寿园给生者提供了放心和安慰。

第四章

情绪创造

知道了怎样去感知目标受众的情绪，也知道了怎样去回应他们、用哪些方式去回应他们，挖掘情绪价值这件事似乎就完成了闭环。

但是，如果我们能够创造、梳理情绪，然后为情绪上价值、赋予意义，我们就可以把那些原本无感的、没有这种情绪需求的人也争取过来。

这是情绪创造能力跟情绪感知和情绪回应不一样的地方。

一、三个要素，为用户创造情绪

这一章，我们会把思路重点放在四个字上：叙事能力，也就是讲故事的能力。简单来说，**要想为用户创造情绪，和用户产生共情，就需要品牌把故事讲好。**

在讲故事这件事上，文娱行业是个好老师。文娱是离人性最近的行业，有很多年的成熟市场，对消费情绪有极强的捕捉和放大能力。从历史经验来看，很多产品创新思路都是文娱行业率先提出，再用三五年时间慢慢渗透到消费行业的。

所以，我们先来看看文娱行业的好故事都有什么共性，它们是怎么训练叙事能力的。

影视编剧们用好作品告诉我们，一个好的商业故事，应该包括三个关键要素。

价值主张

一个好故事，首先要有明确的价值主张。

中小学语文老师总要求我们提炼中心思想。这其实就是在问：这篇课文在讨论一个什么样的价值议题？作者在这个议题面前的偏好与倾向是什么？这两个问题的答案，就是课文的价值主张。

比如，你想讲一个关于亲情的故事，故事的价值主张可以是"亲情能战胜一切"，也可以是"亲情值得牺牲一切来捍卫"，还可以是"亲情也挺耽误事的"。

好故事都得有明确的价值主张，就连恐怖片也不例外。《午夜凶铃》认为"鬼好恐怖啊"。《倩女幽魂》却认为"也有美好的鬼"。《白蛇传》里被降伏的是蛇妖，它的故事却能让观众认为，"比起妖怪，破坏姻缘的老和尚更讨厌"。

2023年，中国引进了一部迪士尼真人版电影《小美人鱼》。这部电影的中文海报上有一句文案，我印象很深："终有一天逃离海底，我会走进你的世界。"这句文案很有意思，它带有撰写者一个很明确的价值主张：海底不如陆地。你看，连原住民小美人鱼都想要逃离。

我们熟悉的一些著名导演，拍了很多电影，价值主张都一以贯之。比如导演李安，他拍的很多电影都在唏嘘："人总是卡在两难当中，无法真正地安放自我。"

他拍《比利·林恩的中场战事》，讲的是英雄大兵从危险的前线回国，却发现自己跟故土格格不入；他拍《卧虎藏龙》，讲的是李慕白想要退隐江湖却掀起了入世的风波，退而不得；他拍《色戒》，讲的是王佳芝既想当爱国女学生又想当爱人，却都当得不踏实；他拍《断背山》就更不用说了，讲的是主角既不敢爱，又舍不得断。

正是这一稳定的价值主张，在某种程度上构建了李安电影的个人特色。

对于一个商业品牌来说，讲故事首先要谨慎，因为故事会透露品牌的价值主张。而且，品牌不管在市场上讲多少故事，始终需要坚持某种稳定的价值主张，因为只有这样才能被人记住，给人形成稳定的预期。

价值主张稳定的一个典型案例是椰树。这个存在了30多年的椰汁品牌，在卷入中国的短视频与直播大潮之后，意外赢得了新一代消费者的认同。2022年10月，椰树集团在没有任何预热的情况下，突然在抖音开直播。他们请了4名健康、丰满的女主播一边跳舞一边带货，开播9天就吸引了近30万粉丝。直播间评论区被"从小看到大"刷屏，有网友直呼，"流量算是让你玩明白了"。之后，椰树的直播因"擦边球""物化女性"等争议被平台掐断，并且椰树此前也曾出于类似的原因，几次受到监管机构的处罚。但没过多久，椰树继续开播，又聘请了好几个身材健硕的肌肉男在直播间起舞。

这之后，不少原本反对椰树的网友都服气了，笑称"椰树平等地物化一切男性女性""用油腻和俗气展现了穿越时间的真实审美"。

虽然椰树多年不变的包装设计让人觉得很土，"从小喝到大"这句广告词又让人觉得很油腻，但是当它坚持了30多年之后，这些反而让市场感到它土得真实、油腻得可贵。人们认同的不是它的土和油腻，而是它在社会价值观不断变换的30多年里，持续给出的确定性和真实感。

故事创意

好故事的第二个关键要素是故事创意，也就是语文课上跟中心思想配套的主要内容。

很多人认为，讲故事最难的是找创意。事实上，故事创意的重要性应该位列价值主张之后。如果只有故事创意，没有价值主张，比如让你以"我的一天""我的同桌"或"家人间的亲情"为题写作文，你会很容易写成流水账。

而有了价值主张之后，讲故事就变得容易起来了，因为价值主张帮你把作文题切换成了辩论题。你需要做的，是用故事来证明你的立论是对的。你要说服谁？说服读者和听众。

比如，我们设定了一个价值主张："亲情能战胜一切。"同时我们想一个故事创意：狼和兔子的恩怨。我们可以借用那个经典段子：兔子每天不管戴不戴帽子，都会被狼找借口揍一顿。故事该怎么往下编呢？

既然我们的价值主张是"亲情能战胜一切"，那么，故事的发展既可以是兔子借助亲情扭转了被动挨打的局面；也可以是狼被亲情感化，改变了揍人的行为；还可以是帽子不乐意了，借助亲情帮兔子破局。

同样，在商业语境里，一个好故事的功能也是说服。

比如，你开了一家奶茶店，你设定的价值主张是"人应该对自己好一点"，那你的故事创意就可以是：今天老板、天气和地铁都在跟打工人过不去，所以打工人应该来杯奶茶，对自己好一点。如果一个奔走在"996"节奏里的打工人看见了你这家奶茶店，看见了你的创意，他很可能就会认为你感受到了他心中的不满，并且对他做出了认可，因此愿意接受你的化解方案，买杯奶茶安抚自己。

再比如，你可能是卖植物奶的，你的价值主张是"人应该爱护环境"，那你的故事创意就可以是：碳排放害得北极熊无家可归，所以人们应该喝植物奶来帮北极熊保护家园。这个故事，同样能够说服那些心疼动物多过心疼厂家的人。

拉扯结构

好故事的第三个关键要素是拉扯结构。意思是，让主角至少完成一次跟我们设定的价值主张之间的内心拉扯。

什么是拉扯？就是让主角先对价值主张产生怀疑，再重新跟它形成稳固的关系。

很多编剧写作指南都推崇一种名为"三幕戏"的写作结构：第一幕通常会让主角处于某种价值稳态当中，比如信奉价值主张A，或者对价值主张B毫无感觉；到了第二幕，主角就要遭遇变故了，让他产生对价值主张A的怀疑，或者对价值主张B的好感；到了第三幕，主角完成了成长，对价值主张A形成了更深的认同，或者放弃价值主张A，倒向价值主张B，进入新的价值稳态。

你看，所谓的三幕戏结构，就是一个主角与价值主张拉扯的最小过程版本。

为什么要设计这种拉扯呢？因为在文娱行业，主角是观众最容易自我代入和共情的角色。观众需要看到主角对于价值主张的软弱、犹疑，也就是第二幕，只有这样才能跟他共情。

如果主角是某种价值主张的坚定信徒，一直处于一种稳态，观众会觉得他是一个完美的六边形战士，跟自己距离太远了，攀不上关系。而如果主角的价值主张从第一幕的稳态直接跃迁到第三幕的稳态，没有展示过软弱与挣扎，观众会感觉像是在升级操作系统，也不会跟他共情。

所以，如果想在故事之外说服大众认同你的价值主张，在故事之内，你就得呈现主角对这个价值主张的怀疑、挣扎或软弱。观众跟着主角的经历走，就会觉得像是亲自证明了一遍这个结论，对它会有更深的认同。

好，我们从文娱行业的编剧那里，学来了三个讲故事的核心要素：先有价值主张，然后基于价值主张展开故事创意，最后在故事创意里设计让主角内心拉扯的故事结构。

当然，在文娱行业，要写好一个故事远不止抓住价值主张、故事创意和拉扯结构这么简单，编剧们还需要去雕琢很多细节。

但对商业品牌来说，想要讲好故事，只要抓住一个价值主张来展现态度，根据价值主张来展开故事创意，并且注重在结构里展现价值观的拉扯，就够用了。

二、第一故事线：让用户当故事主角

商业品牌要在市场上讲故事，既是为了说服消费者接受自己的价值主张，也是为了刷存在感，所以故事不能只讲一次，也不能只讲一个。那问题就来了：要讲那么多故事，价值主张却要稳定不变，每次的故事创意从哪儿来呢？

关于这个问题，我其实在第一章就给出过最重要的提醒：消费者更愿意把产品视为人生配角，来成就自己这个主角。所以，好故事自然应该从消费者，也就是产品用户的生活中来。

品牌应该做的，不是一门心思只讲自家品牌经历了什么、想干什么，也不是只讲一个单独的故事，而是把典型用户的典型故事串起来讲给大家听，我们叫它"第一故事线"。

我们首先来看看什么是"故事线"。

故事线，不是一个单独的故事，而是一串故事。它跟普通故事最大的不同，是它有一个内核，也就是它一以贯之的价值主张或内在动机。具体讲哪些故事，要根据这个内核来决定。

举个例子。从早上睁眼起床到晚上上床睡觉，一天当中你会经历无数的生活片段。但是，当你要对不同的人讲述自己的一天时，你筛选的素材会完全不同。

给妈妈打电话讲自己的一天，你可能会重点描述自己三餐吃得多健康；跟好朋友聊自己的一天，你会重点分享今天看到的一部好剧和一个短途的旅游目的地；要是你运营着一个职场博主账号，回忆自己的一天时，你有可能写下一段来自领导的发人深省的提点。你看，这就已经是三条不同的故事线了。

相同的一天，为什么面对三个不同的对象，你会不自觉地拆出三条不同的故事线？因为你在潜意识里清楚，三个对象跟你之间的情绪触点各有不同。只有选择不同的故事线，你才能分别为不同的对象创造情绪，与对方共情。

那么，什么是第一故事线？就是多条故事线当中最重要的那条主线。用第一故事线来讲用户故事，把各种各样的典型用户和典型故事串起来，就能帮品牌营造一个又一个触动目标人群的典型情境。

这就要求品牌深入地观察和理解目标人群更完整的生活模式，不能只关心他们跟产品的成交环节，也不能只把他们装进"男性用户""女性用户""一线白领""15 到 25 岁"这种简单的画像标签里去理解。

那应该怎么去理解呢？请回忆一下上一节讲到的叙事要素。品牌要去关心目标人群有怎样的生活共性，去找出他们当中的典型用户是谁，他们有什么样的价值主张，有什么样的故事创意，他们经历了什么样的内心拉扯，又渴望什么样的成长、和解、归属和存在，然后把一个又一个这样的用户故事串成品牌的第一故事线。

而品牌在第一故事线里的使命，则是当好关键配角，陪伴和帮助主角们经历这段人生旅程，让他们在认同自己的过程中，也形成对品牌的认同。

为什么要讲用户故事

你可能会有疑问："品牌出钱又出力，为什么不能把自己的故事当成主线故事来讲？你前面不也说了吗，在自己的故事里找不同的素材去跟不同的人讲，不是照样也能跟别人共情吗？"

让我试着用三个理由来说服你。

主角体验

第一个理由，用第一故事线来讲用户故事，让用户当故事的主角，能让用户产生好感，觉得品牌更尊重他作为人的完整性。提供尊重这种感受，就是在创造情绪价值。

有一次，我跟中国科学院心理研究所的钱炜老师聊起产品魅力这个话题。钱炜老师说，这个话题很重要，你看我们人的一生会遇到多少产品啊。

我当时有点震惊，心想，钱老师这个视角好厉害。产品经理很少这样想问题，他们更多想的是"我的产品在一个生命周期内能遇到多少人"。

你看，这两句话的关键差别在于，是把人当作原点，还是把产品当作原点。

以前，不管是在传统零售的渠道时代，还是在互联网的流量入口时代，为了效率，用户作为人的完整性是被忽视掉的。即便到了今天，人人都要求数字化，但我们提起数字化时，通常指的也是把人和事拆成无数个离散的标签来投喂和训练算法，从而强化算法，提高效率。

但是，每一个用户，都仍然渴望被作为完整的人来尊重和理解。

2023年春天，B站发布了一部动画短片，名叫《小妖怪的夏天》，在互联网上成了现象级产品，还被奉为中国动画片史上的神作。这部动画片讲的，是一只底层小妖怪给《西游记》里的配角的配角当配角，在妖怪的组织里打工。

为什么这部动画片会被奉为神作？一个关键原因，是这只小妖怪演活了平凡的梦，让万千打工人从它身上看到了在职场中被忽视的自己。

在今天高度分工的社会里，绝大多数人其实都是配角，这也就意味着主角体验极其稀缺。如果品牌能让典型用户成为故事线的主角，帮助没有叙事能力的人讲出他们的故事，讲好他们的故事，这本身就是在创造情绪价值，会让目标人群愿意为这种主角体验买单。

消灭阻力

品牌要把用户当成故事线主角的第二个理由是，这可以帮助用户在第一时间发现意想不到的阻力和动力。替用户消灭阻力，增强动机，这也是在创造情绪价值。

我们来讲一个经典案例，它发生在 2007 年前后的美国底特律。

当时，底特律的一家房地产开发商发现了一件很奇怪的事情：很多来看房的潜在买家，明明定金都付了，回家转了一圈却又来退单，而且不约而同地解释说，自己还没想好怎么处理家里的旧餐桌，等想好了再来买新房。

这是不是托词呢？这家开发商设计的房型的确卧室大、餐厅小，不适合摆放宽大的旧餐桌。但一张旧餐桌而已，又不是什么贵重家具，怎么会卡住那么多人呢？开发商和他们请的创新顾问都不理解。

直到那年的圣诞节，创新顾问和家人围坐在餐桌前时，他才恍然大悟：原来，旧餐桌代表的是一家人一起打造的生活回忆。

那些来退单的买家，之所以没法做出搬家的决定，不是因为旧餐桌价格贵重舍不得扔，而是因为它的意义厚重才舍不得扔。

旧餐桌只是一个象征。人们搬一次家要做许多取舍，要跟大量的旧物品告别，不管是餐桌、老照片，还是孩子小时候的手工作品，都太难割舍了。

潜在买家们在看新房和付定金的时候没想那么多，但等回到家时，他们就不得不真正面对搬家这个"变故"，于是就陷入了心理困境。他们意识到，搬一次家不但需要损耗体力和判断力，还要逼着自己收拾情感，抛弃回忆。这些意义层面的牵绊让潜在买家们深感焦虑，觉得好麻烦，不如退单算了。

这么一梳理，开发商和创新顾问都豁然开朗。他们总结说："一开始我们以为我们的事业是兴建房屋，后来才发现，我们的事业是迁徙人生。"

顺着新思路，这家开发商做了两个关键调整：

首先，把房子的次卧改小，餐厅改大，这样人们搬家时就不用扔旧餐桌了，可以直接带过来。

其次，给买家们提供了一个仓库，只要买我的房子，仓库就可以免费用两年，让买家们可以把旧房子里的旧物品一股脑儿先塞进去，用两年时间慢慢取舍。

开发商会因此而提高成本吗？并不会，因为它把改房型和租仓库的成本都折算进了房价里。但买家们还是开开心心地买了。正因如此，2007年美国房地产价格普遍暴跌的时候，这家开发商的业绩反而逆势上涨了25%。

回味一下这个案例，你会发现，这家开发商正是因为梳理了以用户为主角的第一故事线，才能带着问题，在自己的生活中跟用户共情，成交的障碍也就在不知不觉中被消除了。

给情绪价值上杠杆

让用户当第一故事线主角的第三个理由是，梳理第一故事线是在给情绪价值加杠杆，它不是用一个情绪触点撬动一个目标人群，而是用n个来自用户的"原生情绪触点"，来撬动n个目标人群。

很多新品牌在初创时期，都喜欢用"展现生活方式"的办法来做人设。但问题在于，每种生活方式的情绪触点都是单一的。

比如前面提过的茑屋书店，它想做旅行主题的生活提案，就得亲自布置一个旅游主题区，掏钱请一位旅行家来当导购。它想做美食主题的生活提案，又得亲自布置一个美食主题区，再掏钱请一位美食家来当导购。它每做一个动作，只能触动消费者的一个情绪点。

但图书品牌读库则选择讲述各种各样的用户故事。比如，普通读者来给它当志愿者，在它的库房里感受到了被书香包裹的快乐。比如，读库现在还剩下唯一一个坚持用银行转账方式来订书的读者，那是一位电焊行业的生意人，不肯用网络支付。读库就这样不断从不同的用户当中寻找不同的典型故事，用来触动跟他们相似的人群。

再举一个例子。防晒服饰头部品牌蕉下最初是靠"黑科技防晒"的概念引爆市场的，但与此同时也引发了大量同行的效仿。创业的最初几年，蕉下一度被束缚在教主的处境里，叙事的空间非常受限，得不断地变着法儿论证自己是防晒领域的科技王者。

但到了2023年，蕉下的思路突然变了。它在惊蛰这一天发布了一首很有感染力的歌——《惊蛰令》，记录了几个年轻人出门踏青、看遍祖国大江大河的场景。

蕉下在这首歌里是怎么露出的呢？如果只听歌，你根本感受不到它的存在。它只在歌曲的MV里做了一点点露出：一双防水运动鞋。年轻人穿着它无所顾忌地涉水踩沙，全身心地享受自然。

这个叙事思路的转变，不再是说"我最强，你用我就对了"，而是在讲"更大的世界正在为你打开，我在旁边为你护航"。

这样的叙事打动了谁？不是那些一门心思只想防晒、防水的人，而是那些向往山河湖海的人。蕉下因此突破了原本典型用户的圈子，触动了更大的目标人群。

当带着配角意识去梳理典型用户的典型故事时，品牌就可以找到典型的情绪触点，提炼出典型的情境，从而反向优化产品和服务设计，撬动不同的目标人群。

耐克：如何打造第一故事线

乔布斯曾经把耐克列为自己心目中的神级品牌。1997年，乔布斯在苹果内部做过一次演讲。在这次演讲中，他赞誉耐克是营销界史无前例的最强者。

耐克神在哪里呢？我们知道，耐克在全球各个市场都是非常强势的营销金主，砸了很多钱在营销上。但如果从"与用户共情，让用户当主角"的角度来观察，我们会发现一些不一样的东西。

接下来，我会对不同圈层的用户进行解析，看看耐克是如何通过梳理用户的第一故事线，来打造品牌的情绪价值的。

如何获得运动员的认同

在中国，跟耐克有商业合作的，既有娱乐明星，也有体育明星。我们会发现，体育明星跟耐克的关系明显要比娱乐明星亲近。而且，体育明星跟耐克的合作并不全是基于商业利益，他们本身也是耐克的用户，对耐克有更复杂也更深切的情感认同。

耐克是怎么赢得体育明星的心的呢？我们可以把时间线拉长一点，来温习一个10多年前的故事——"耐克与亚洲飞人刘翔"。

刘翔你肯定知道，他是 110 米栏史上的神话，是亚洲田径史上第一个集奥运会、室内室外世锦赛、国际田联大奖赛总冠军于一身的运动员。刘翔的 110 米栏奥运纪录已经维持了 20 年，至今仍未被打破。

刘翔在 2015 年正式退役。他在自己的公开告别信里，唯一点名感谢的赞助商就是耐克。刘翔说："感谢我职业运动生涯中所有的赞助商们，尤其是耐克，一路走来，风雨同舟。"

刘翔为什么要单独感谢耐克？如果你关注过 2008 年北京奥运会，你的第一反应一定是因为耐克当时对刘翔的力挺。

2008 年北京奥运会，刘翔被民众视为民族英雄，他背负着全国的期望，在家门口的主场参赛。人人都认为这枚金牌是他的囊中之物，但就在预赛时，刘翔因为脚伤而撕下了自己的号码牌，黯然退赛。

刘翔一退赛，举世震惊。网上很快出现了铺天盖地的谩骂，网友纷纷指责他辜负国民的期待。

当时在刘翔身上押注的品牌多达 14 个，而在他退赛后，多数品牌选择沉默，避开公众的怒火。但耐克是怎么做的呢？刘翔退赛的第二天凌晨，耐克就在全国各大城市的主要报纸上，紧挨着刘翔退赛的新闻投放了一则广告：刘翔的正面特写，神情严肃、坚毅。旁边用深红色的文字写着："爱比赛，爱拼上所有的尊严，爱把它再赢回来。爱付出一切，爱荣耀，爱挫折。

爱运动，即使它伤了你的心。"

最后那句"爱运动，即使它伤了你的心"真的是神作，瞬间让前一天还失望、愤怒的民众得到了修复和治愈。大家纷纷反省说：我爱的是金牌吗？我爱的是运动本身啊！

当天，很多消费者前往全国各地的耐克门店索要这张海报，也对刘翔和耐克再次产生了好感。

耐克对刘翔的支持仅仅是这一项，或者仅仅是靠在营销上抖机灵吗？当然不是，还靠它的身体力行。

受伤退赛之后的2009年，刘翔去美国治疗脚伤。耐克调动自己的资源，给刘翔团队引荐了最好的医疗和运动专家，帮助刘翔治疗，也帮助他制订恢复方案。

这些其实并不属于耐克跟刘翔的合同约定范围，但耐克的人当时都清楚，这位运动员正处于人生低谷，需要支持，于是他们争着跟刘翔称兄道弟，陪他吃饭、聊天。也就是在这一年，刘翔伤愈归来，再次恢复到了世界顶尖水平，甚至再次突破了自己创下的田径纪录。

时间到了2012年，伦敦奥运会上，全民都希望刘翔能一雪前耻。但教训在前，多数商业品牌选择了观望，决定暂时不押注在刘翔身上。所以伦敦奥运会期间，赞助刘翔的品牌只剩下了耐克与可口可乐。

比赛前，耐克继续按照刘翔的技术特点给他打造跑步鞋，还特意在鞋里加上了特殊的保护和支撑结构，来帮他减轻脚踝的受力负担。耐克还告诉刘翔，无论在伦敦奥运会上成绩如何，他都可以在运动生涯结束后继续留在耐克的体系内。

当时，耐克的想法是，刘翔最差也就是跑不出最好的成绩，但刘翔的表现又一次出乎耐克和所有人的预料。伦敦奥运会的110米栏比赛才进行到预赛，刘翔就直接摔倒在地。之后，刘翔在跑道边上用没有受伤的那只脚单脚跳完了全程，拥吻了栏架，然后被其他选手搀扶着走下了体育场。

就在刘翔这一次负伤摔倒的当天，耐克再一次顶着铺天盖地的争议，发了一条力挺刘翔的微博："谁敢拼上所有尊严，谁敢在巅峰从头来过，哪怕会一无所获，谁敢去闯，谁敢去跌，伟大敢。"还有一句："让13亿人都用单脚陪你跳到终点。"

你看，这条微博蕴含的价值观是，"拼上所有的勇敢，就是伟大"。不得不说，又是神作。发出的24小时内，它就被转发了将近10万次，再一次给耐克博得了巨大的公众好感度。

耐克又一次没有放弃刘翔。刘翔2015年宣布退役时，耐克在微博公开回应说："今天，让我们向这个改变世界的平凡人致敬。平凡也能飞翔。"借着"平凡也能飞翔"这个主题，耐克还推了一组海报，来歌颂平凡之人对飞翔和强大的向往。

这第三条神作，再次帮耐克唤起了山呼海啸的市场认同。

在刘翔退役后，耐克把自己位于上海的大中华区总部会议大楼命名为"刘翔中心"，把刘翔当成跟迈克尔·乔丹一样伟大的运动员来纪念，并且仍然跟刘翔有全方位的合作计划。

当时间进展到2021年，中国网友忽然掀起了一次大规模的反思，说"我们欠刘翔一个道歉"，觉得自己当年对刘翔太苛刻了。

有媒体就跑去问刘翔："你怎么看公众情绪的转变呢？"刘翔在镜头里云淡风轻地笑笑，说："大家没必要向我道歉，人都在成长。年轻的时候，可能说了一些话，我觉得也都能理解，真没什么。可能我年轻的时候，也会那么说，我会将心比心。但是通过时间，你会慢慢发现，运动员挺真的，在赛场上其实我就是一个普通人，只是跑得快一些。"

不得不说，在遭受了12年的网暴之后，刘翔还能有这样的平和与释然，耐克功不可没。

好，耐克与亚洲飞人刘翔的故事讲完了，让我们来看看：对运动员来说，耐克的魅力何在？

我认为，耐克扮演着他们人生路上的扶持者和陪伴者的角色。对刘翔来说，在平凡青春、志得意满和生命谷底的不同阶段，耐克都陪在他身旁，完美地承担了情绪助手的职责。双方不仅交换了商业资源，还交换了深厚的情绪资源。而这种情绪资源又分两层：

第一层，是职业生命的帮扶。耐克见证过刘翔的每一点进步和挫败，帮助他提升和突破，也陪着他度过了每个值得自豪的时刻。

第二层，是人格成长的帮扶。耐克不仅见证了刘翔的成长，

还在艰难的处境里深深地接纳过他，给了他安全感。这对刘翔
人格的完整起到了很大作用。

正是因为这种深厚的情绪资源的注入，像刘翔这样的运动
员才会对耐克难以割舍。现在你应该能理解刘翔在退役时为什
么要单独感谢耐克，还说"一路走来，风雨同舟"了吧？

如何构建品牌的情绪价值

可能你会问：刘翔毕竟太传奇了，他会不会是耐克的特例
呢？当然不是。让我们跳出刘翔的故事，通过更多的案例，看
看耐克为用户打造第一故事线的总体思路。

"养成运动员"

我们要讲的第一个方面，可以叫作耐克的"养成系策略"。
也就是说，耐克不一定只和那些顶流运动员合作，它也会在普
通运动员成长的过程中进行深度的介入。

举个例子，易建联。2007年，篮球运动员易建联签约NBA
（美国职业篮球联赛）的密尔沃基雄鹿队，从中国广东只身一人
前往美国打篮球。他去的密尔沃基市没什么华人，他当时又是
一个没什么影响力的新人，一切都得自己适应。

耐克中国得知了易建联孤苦无依的状态，就专门派人从广
东飞到密尔沃基看他。派去的这位耐克经理一下飞机，就跟易

建联像亲人一样紧紧地抱在一起，又真的像亲人一样帮易建联把从生活到训练的各种问题都处理了一轮，之后才放心地回国。

而易建联在成名之后，直到今天，一直都跟耐克保持着非常深厚的关系。

其实刘翔也是一样。耐克比绝大多数人认识刘翔都早。2001年的第九届全运会和世界大学生运动会上，耐克就注意到了刘翔这个苗子，开始派专人观察他的训练和比赛，并在那一年就签下了这位明日之星，然后从装备、训练等各个层面介入刘翔的运动生涯，来帮他提升运动技术水平。

2004年，刘翔在雅典奥运会夺冠，背后就已经有耐克的技术助力。换句话说，刘翔的成长也有耐克的一份功劳。

不只是易建联和刘翔，耐克对网球运动员李娜等诸多运动名将也都进行了长期支持。

"养成运动员"，这是耐克的系统工程。耐克在全球各个市场都有专门的顾问团队，像星探一样去发现有潜力的运动员，然后介入他们的运动生涯，给予支持。这些顾问很多都是退役运动员，在给现役运动员当顾问的时候，他们的头衔是耐克的"装备经理"。

除了帮现役运动员打造最有效的运动装备，耐克的装备经理们还会帮他们运作和筹划很多事情。比如，对接全球运动场馆和医疗资源，撮合与海外其他选手的练习赛，寻找前沿技术的学习交流机会，等等。这样一年一年陪跑下来，装备经理们和耐克对运动员的了解以及跟运动员的感情，简直不比教练少。

耐克与中国女篮

除了对运动员个人进行帮扶，在组织层面，耐克同样会在一些运动项目和运动队还很冷门的时候就介入。

比如，耐克对中国女篮的赞助从1996年就开始了，陪伴了十几代女篮选手。就连饱受争议的中国男足，耐克的赞助也一签就是12年。这中间，可想而知，同样会发生无数次的携手共进退。

正因如此，中国女篮在2022年拿到女篮世界杯亚军时，耐克的标识才有资格作为陪伴者出现在她们身边。

可能很多人不知道，耐克对中国女篮还有一项特别的贡献：2022年，中国女篮夺得世界杯亚军，打响了一个名号——"无畏金兰"。这个词其实也是耐克帮女篮选手们总结的。其中的"金兰"两个字，既是女篮的象征，也有姐妹情的意思。

为什么耐克能够总结出"无畏金兰"这个名号？因为在对女篮的长期陪伴和观察当中，它感觉到了一种很特别的"团魂"。

女篮选手们为了训练要朝夕相处，但大家都是年轻姑娘，在生活中不免会有亲疏之别，也会闹点小别扭。不过，只要上了赛场，所有人都会瞬间忘掉场下那些小别扭。篮球在手，是应该传给最好的朋友，还是留在手里让自己得分？都不是，当然要传给最可能得分的那个队友，哪怕昨天吃饭时刚刚跟她闹过不愉快。这种金兰姐妹式的团魂，让女篮整支球队默契得就像一个人。

于是，耐克就把观察到的这些，提炼成"无畏金兰"这个词推荐给了中国女篮，而这个词又帮助女篮强化了团队精神。

体育精神

通过耐克和这些顶级运动员的长期合作，从刘翔到易建联，再到女篮姑娘们，你发现了什么？没错，耐克为他们提供的，就是我们说的情绪价值。

那么问题来了，帮扶职业生命，帮扶人格成长，这层情绪价值面对的是运动员，都比较具体。而对普通消费者来说，耐克有没有提供什么其他维度的情绪价值呢？

有的。让我们回到前面提过的乔布斯。乔布斯的原话是：

耐克称得上营销界史无前例的最强者。请记住，耐克卖的是商品，是鞋。然而，当你想起耐克时，你会觉得它与其他鞋业公司有所不同。人们都知道耐克的广告从来不提及产品。它们永远不会告诉你耐克的气垫里藏着什么秘密，为什么它比锐步的好。那么，耐克的广告究竟是在宣传什么呢？它们宣传的是尊重伟大的运动员和竞技体育。这就是耐克，这就是它关注的内容。[1]

请你注意乔布斯的这句话：耐克的广告，宣传的是尊重伟大的运动员和竞技体育。这一点，作为消费者或关注竞技体育的普通人，你应该也会有所感知。

这种尊重是可以展开阐释的。运动员在竞技体育中不断追求自我突破是伟大的。运动能让人变得更好，而更好的人能把世界变得更好。这也是为什么当初耐克在承诺刘翔可以留在耐克体系内的时候，对《商业周刊》这样解释："伟大的运动员可以改变一些社会和文化价值。"

可以看到，通过全方位介入运动员的训练和生活，深度参与和整理运动员的故事，把它们串成自己的第一故事线，耐克传递了明确的价值主张——"体育是耐克的信仰"。

再进一步，这会让每一个热爱运动的普通消费者，从耐克那里感受到绝对的尊重，进而产生对耐克的品牌认同。

所以，在乔布斯时代，苹果沿袭了耐克的这种营销理念：借助反复赞颂伟大的事物来构建市场认同。

比如，苹果一直秉持的营销主题是"不同凡响"，变着花样向推动世界进步的人致敬。再比如，乔布斯在苹果每年的发布会上，都会坚持告诉市场，苹果的新产品是革命性的。

1　引自乔布斯1997年在苹果发表的一次内部讲话。

你想，谁不愿意不同凡响？谁不愿意赞美不同凡响？苹果的这个价值主张，几乎把所有富有激情和想要改变世界的人都圈进来了。

苹果从耐克学到的这两步，就是耐克和苹果创造情绪价值的主要方法：

第一，反复赞颂某一种得到广泛认同的人类精神；

第二，让自家的产品和品牌跟这种精神站在一起，要么成为这种精神符号本身，要么成为这种精神符号的坚定助力者。

如何找到值得投入情绪资源的用户

耐克打造情绪价值的方法，就是找到那些值得长期投入情绪资源的用户，与他们共进退，借助他们故事里的情绪触点来打动其他消费者。

那么，耐克怎么判断哪些人和团队是值得进行长期、重大的情绪资源投入的呢？

首先，大方向很明确——体育。其次，有专业潜力的运动员。一来，体育是耐克的立身之本。二来，有专业潜力才会令人向往。这些都不用展开解释。

最后一条选择依据才是关键，这恰恰是耐克区别于其他体育服饰品牌的差异化能力——它非常看重一种叫作"缪斯用户"的理想用户的挖掘。

什么是缪斯用户？缪斯是希腊神话里的灵感之神。在耐克的每一个营销项目里，缪斯用户代表的都是一种理想用户。他们出自目标人群，但是又超越目标人群；他们身上的故事拥有充分的情绪张力，能够打动目标人群。

比如，刘翔就是典型的缪斯用户。对耐克来说，刘翔是一名伟大的运动员，他的失败不仅代表荣誉的损失，还代表运动对人性的锤炼。刘翔经受住了锤炼，一次次回到赛场，这就是运动员人格的升华，这让刘翔变得伟大。

在大市场上，没有几个消费者当过世界冠军，但是每个人都会失败。所以耐克对刘翔的支持，反而让他具有体育精神和人性之美，更容易唤起消费者对他的共情。

这些缪斯用户，不一定非得是专业运动员，也可以是热爱运动的普通人。在推动每一个营销项目时，除了梳理出对应的目标人群，耐克还会自我拷问：这个目标人群当中，最理想的用户是拥有什么经历的用户？在哪儿能找到这个人？

为了回答这个问题，耐克中国专门设置了一支几十人规模的团队，常年驻扎在全国各个社区和运动场馆里，去寻找和观察拥有好故事的普通人。

回浦中学与耐高

我们还是通过讲故事来说明耐克的这套方法。这次我要讲的故事叫"回浦中学与耐高"。

"耐高"这个词你可能没听过，但如果你对爱打篮球的高中生和大学生说一句"一生只有一次耐高"，对方可能会眼前一亮，把你视为自己人。

"耐高"的"耐"，是耐克；"高"，是中国高中篮球联赛。从1998年起，耐克就出钱出力，跟中国中学生体育协会一起，在整个大中华区的高中组织篮球联赛。时至今日，这个赛事已经成为中国最有影响力、级别和正式程度也最高的高中生篮球联赛。

对爱打篮球的高中生来说，耐高是他们青春里浓墨重彩的一笔。"一生只有一次耐高"是耐高的slogan（口号）。字面意思是，高中三年只能参加一次耐高联赛。但在高中生们听来，这无疑是在说"一生只有一次青春"。

解释完"耐高"，我们再解释"回浦中学"。回浦中学是浙江省临海市的一所中学，也是中国篮球水平最高的高中之一。国家体育总局在全国认证的45个篮球高水平后备人才基地当中，就有回浦中学。回浦中学的篮球手，像淡厚然、王思博，你可能听着陌生，但在热爱篮球的中学生当中，他们的影响力可不比姚明、易建联小。

耐克在做耐高联赛的时候注意到，很多个赛季，回浦中学篮球队都能冲到全国亚军甚至冠军的位置。于是，耐克就派人去回浦中学，探究这个学校为什么能出成绩，有什么样的学校文化，这里的学生是怎样的一群人，教练又是怎样的人。

一做功课，耐克就发现了有意思的事情。回浦中学并不是常规意义上的学霸型中学，但是因为非常重视体育教学，有了篮球高水平后备人才基地这个身份，所以有很多出身普通的孩子把进回浦中学打篮球视为扭转自己命运的机会。

所以，虽然放在全国看，回浦中学的少年们打篮球并没有什么身高和体力优势，但他们怀着扭转命运的期待，愣是一次一次把自己拼成了唯一一支能挤进全国赛的县级中学球队，得以在历次的总决赛里，直面清华附中篮球队、北京四中篮球队这种级别的强队。

这样一群小镇出身的高中篮球手，在耐克看来，就是能够打动"普通人家少年"这个目标人群的最典型的缪斯用户。

普通人做不普通的事

所以，从2018年开始，耐克启动了对回浦中学篮球队的长期关注和支持。回浦中学篮球队的口号"回浦中学，百折不回"，就是耐克和学生们一起提炼的。

2023年5月，耐高联赛全国总决赛男子组决赛在北京首钢篮球馆举行。在这场决赛里，回浦中学对战它的老对手清华附中。这在耐克看来，就是一个非常有情绪张力的好故事。

当时，给我讲这个故事的朋友问我：如果有一场全国赛事，是小镇上的回浦中学对阵首都的清华附中或北京四中，你觉得会是一种怎么样的情境？我愣了一下，说，感觉就像湘北打山王——这是日本漫画《灌篮高手》里两支实力悬殊的队伍。

我这个朋友当时就笑说，对，一群小镇出身的孩子对战顶级高中球队，无论输赢如何，这都是一场会让你流泪的战斗。清华附中和北京四中所能集结的孩子，是全北京的学霸，而回浦中学没有这种招生资源，打篮球就成为孩子们宝贵的高光时刻，也成为他们扭转命运的机会。

其实在耐高联赛里，回浦中学与清华附中已经是多年的老对手了。回浦中学在2016—2017赛季的半决赛中大胜清华附中，并最终拿到了全国总冠军，2021—2022赛季，回浦中学再次在三四名决赛中打败清华附中，但更多时间里，他们都是输在清华附中手下。而到了2023年的总决赛，百折不回的回浦中学终于以74∶73的比分，战胜了老对手清华附中，夺得了冠军。

你看，"普通人做了不普通的事"，多么好的故事。耐克在2020年就给回浦中学做过一支名叫《百折不回》的纪录短片，来记录他们在2019—2020赛季的拼搏与失败。2022年回浦中学又一次战胜14次夺冠的清华附中时，耐克又给他们做了一支短片来记录他们的胜利。这些记录，足以帮助回浦中学和耐克打动全国上千个县城里的平凡少年。

到了2023年，回浦中学终于从清华附中手中夺得冠军宝座，耐克又紧扣这个主题，发布了一个传播项目，主题是"为家乡而战"，进一步把缪斯用户能够触动的人群范围，从小镇少年扩大到了小镇上的"父老乡亲"。

当然，耐克在耐高联赛里捕捉到的缪斯用户，并不只有回浦中学的篮球手这一种。他们也在关注其他有故事的球队。像清华附中，其实就是另外一种缪斯用户，他们所代表的故事是"谁说学霸只会死读书"，也能打动另外的目标人群。

耐克的故事采集团队，每天就待在全国各个省市的学校和运动场上观察、聊天，把这些素材收集到耐克的营销素材库里，等待时机让它们在不同的营销项目里发挥作用。

这些故事你未必听说过，但各种各样的少年，都会在这样的故事里找到自己。每一个中学生看到这些缪斯用户的篮球故事，都会觉得其中也有自己的青春。他们对高中生篮球手的感情就会变成：看见你的拼搏，就等于看见我自己在拼搏，谢谢你替我超越了自己。而这样的感情，当然也会爱屋及乌地带到耐克身上。

所以，让我们回到开头的问题，耐克怎么判断哪些人和哪些团队值得长期、重大的情绪资源投入？答案就是，挖掘缪斯用户，也就是出自目标人群，又超越目标人群，身上拥有充分的情绪张力的那群用户。通过讲述他们的故事，打动整个目标人群。

耐克打造第一故事线的方法可以总结成这么五步：

第一，确定自己的价值主张。比如耐克的价值主张是，体育是一种信仰，运动者和体育精神都值得赞颂。

第二，结合价值主张，选择各种各样的目标人群，在目标人群里寻找典型用户，也就是耐克所说的缪斯用户。

第三，梳理一个个典型用户的典型故事。注意，并不是只截取那些高光片段。

第四，跟典型用户缔结深度的情感关系，把品牌变成用户故事当中的关键配角。

第五，从典型用户的典型故事里挖掘典型情绪触点，用来打动各种目标人群，让人们在强化对自己和自己所在群体的认同感同时，也强化对品牌的认同感。

这套方法，就是我们要梳理的第一故事线方法论。

三、第二故事线：配角必须"另有乾坤"

本书的开篇说过，用配角意识做产品、做服务，是去告诉消费者"你值得我服务"。前面梳理的第一故事线是在说，品牌要去挖掘目标人群的典型情绪触点，为消费者创造情绪，再给这件事赋予意义。这一套动作，就是在"你值得我服务"这个命题里回答，为什么"你值得"。

回答完这个问题，是不是就可以了呢？品牌马上会发现，教育消费者的目的是达到了，但同时也给自己设置了另一个挑战——消费者的这个情绪需求，其他所有同行都能看到。

紧接着，同行们就会快速跟进，消费者也会问："同类供给那么多，我凭什么要选你？"这其实也是 Ubras 开辟出无尺码内衣赛道、蕉下开辟出黑科技防晒服饰赛道之后，不得不面对的问题。

所以，"你值得我服务"这个命题还有后半段，就是为什么该让"我"来服务。

该怎么回答这个问题呢？我在这里要提供的思路是：构建第二故事线，打造品牌专属的人格魅力。

让品牌值得向往

第二故事线跟第一故事线的关键区别在于，第一故事线是品牌走向消费者，去跟消费者共情；而第二故事线是吸引消费者走向品牌，让消费者跟品牌共情。

什么意思？我来解释一下。

如果你很懂消费者，能够跟消费者共情，能够协助他们安顿好自己的内心，你就会被消费者认为"有温度"。在消费者看来，你会是一个很好的情绪助手，他们买单的是你的情绪辅助能力。

但是，有温度不等于有魅力。取经路上给唐僧师徒四人投喂斋饭的那些人家，有温度吧？但你能记住几家的姓氏？取经的四人团队里，沙僧勤勤恳恳挑行李，还是劝架担当，也挺有温度吧？但你能想起他常用来挑行李的是左肩还是右肩吗？

当我们说谁有魅力时，通常不是在说对方事事以我们为中心，而是在说对方拥有吸引我们的信息增量。这些信息增量，通常是对方自己的经历和见识、人格和梦想。它们在对方身上形成了自成一体的小宇宙，吸引我们也想一探究竟。

所以，熟悉的同事突然在年会上秀了一段街舞，或者前女友在朋友圈发的画水平突飞猛进，你都会对对方刮目相看。这是因为，他们正在借助街舞、绘画构建独立的小宇宙，这对你构成了新的魅力。

在被一个人的内涵吸引时，我们就会渴望了解他的过往，渴望参与他未来的人生。这个过程，就是在主动进行生活参与，去跟对方共情。

按照同样的逻辑，品牌要想拥有自己的独特魅力，应该学会"拟人"，就是让品牌拥有一部分"人格"。这种拟人不是跟随潮流做一个酷炫的人设，而是让品牌的人格跟它的愿景、使命、价值观协同，用相应的故事去搭建起一个自洽的独立小宇宙，来吸引消费者跟它共情。这就是在构建品牌的第二故事线。

导演王潮歌在河南郑州有一个文旅项目——《只有河南·戏剧幻城》，用中国对于"中原"的精神记忆进行再创作，编排出了几十场舞台剧，在一座戏剧城堡里反复演出。这个项目就把"品牌拟人"的打法体现得淋漓尽致。

王潮歌的思路是：去跟世界既有的关于情绪和文化的思维定式博弈，并且在借用传统文化的时候，不沉迷于膜拜和诠释原生文化，而是把它当作创作素材，用它来服务今天的情感表达。只有这样，才能让观众感受到不一样，让他们认为这一趟出行的时间花得值，从而对旅游目的地这个"配角型产品"产生向往。

王潮歌类似的作品在国内不少城市都有落地。借助对这些原乡精神的二次创作，她帮阳朔、平遥等地把游客量足足翻了好几倍。能做到这一点，原因就是王潮歌给一方又一方的土地找到了魂，让这些人们"有印象但印象不深刻"的平凡乡土，在中国人的文化历史记忆里有了不一样的性格和魅力。[1]

第二故事线的目标

第二故事线该如何构建呢？我们先从第一故事线和第二故事线的目标差异说起。

构建第一故事线的目标，是让消费者相信你的品牌值得信任，值得雇用过来安顿他的内心。

而构建第二故事线的目标，是让消费者相信你的品牌除了值得信任，还值得向往。

这对应了我们生活中的什么人设？有一点点"爱人"的影子了。

"爱人"或者"爱侣"这种角色的原型，象征的就是魅力。我们在面对爱人时所涌起的各种情感当中，有三种最为主流：认同、向往、守护。

这刚好对应了前面讲过的三大感受基本盘：

> 我们在对方身上寻求认同与共鸣，在对方身上投射自我，这能够给自己带来安全感；

1　关于王潮歌的更多故事，请参见得到 App 课程《蔡钰·商业参考 2》"062 ｜ 王潮歌：怎样打造独特的精神产品"。

我们对对方身上的信息增量产生向往，在对方身上寄托自己理想化的第二人生，这对应的是新鲜感；

我们想被对方需要，想守护对方，这对应的是我们想体现的价值感。

一个商业品牌，如果真的能被某类消费者在某种程度上爱戴，那我们就可以说，它不但有了温度，而且有了魅力。

举几个例子。

你肯定知道《哈利·波特》系列电影在全球拥有无数的青少年粉丝，你很可能也知道另一部电影《神奇动物在哪里》，这是《哈利·波特》的前传。二者有同样的世界观。

在《哈利·波特》的故事里，霍格沃茨魔法学校的校长名叫邓布利多，这是一位关键配角。而《神奇动物在哪里》这部番外电影，就是《哈利·波特》的作者响应粉丝们的呼声，单开一条故事线，专门去讲哈利·波特出生之前的故事，其中邓布利多的故事占了非常大的篇幅。

《神奇动物在哪里》不是孤例，中国市场每出现一部精彩的影视剧，都会引发观众在B站和抖音进行"二次创作"；网文爱好者每读完一部精彩的网络小说，也不会马上就转投下一部，而是会强烈要求作者写"番外"。这些"二次创作"和"番外"，往往都是开一条副线剧情，去把故事里配角们的命运补全。

为什么这些好的内容作品没有把配角照顾好，观众和读者会感到意难平呢？因为这些配角，都在主线故事里流露出了各自的独立人格和独特魅力，被受众从不同的角度共情了。受众需要看到他们的故事，来理解他们"何以如此"和"接下来怎么办"。这些副线故事，是给喜欢配角的受众提供安慰和出路的。

所以，能够跟受众共情的配角，会被受众夸赞"有温度"。而能让受众共情的配角，才会被认为"有魅力"。

从情绪价值到情感价值

如果一个品牌不但能让消费者觉得可信，还能让消费者觉得有魅力，我们就可以说，它不但有情绪价值，还有情感价值。

情绪价值和情感价值有什么区别呢？我的一家之见是：**情感，是我们对某个对象能够持续提供某种情绪资源的预期。**

我们前面讲过，一种情绪的完全体是：生理感受＋心理动机＋肢体行为。其中心理动机部分指向的是认知。

而情感跟情绪的区别是，情感不但带有认知，还带有明确的对象和稳定的预期。要是你总能从某个对象身上获取某种情绪资源，那么，不管这个对象是一个人、一个动物、一个品牌、一种行为，还是一个概念，你都会对它产生情感。

比如，你爱你的孩子，因为他能够给你持续的、作为父母的快乐。你喜欢年夜饭，因为它能够让你体会到隆重的仪式感，也能让你一次次感受家庭甜蜜的负担。

你前几年喜欢"双十一"，因为它能够让你稳定地产生捡到大便宜的感觉。但是，随着你越来越觉得"双十一"购物并不比平时划算多少，它对你来说也就逐渐失去了魅力。

相比之下，情绪要更即时、更短效，不一定带有明确的对象和稳定的预期。比如快乐就是一种情绪，而不是一种情感。

所以有时候，小情侣控诉对方"你变了"，或者消费者批评某个品牌"伤害了我的感情"，我们就可以理解成这是因为发生了某些事件，动摇或者减损了一方对另一方持续提供某种情绪资源的预期。

一把老字号的菜刀竟然不能拍蒜，那它就是在否定中国菜的灵魂。一个国潮品牌竟然歪曲历史，那它身上说好的民族自豪感就消失了。作为一名"爱豆"（偶像），竟然有女朋友，那他也伤害了粉丝的感情，因为粉丝消费的可是他的男朋友人设。

说到这儿，我们得讨论一个问题：为什么我把情绪价值，而不是情感价值视为产品价值的重要组成部分呢？这是因为，情感是在情绪的基础上形成的，情绪比情感更基础、更底层。

但我们也需要承认，如果一个品牌足够成功，让消费者对它产生了某种持续的情感，那这个品牌就拥有了情感价值。情感价值要比情绪价值更稳定、更深远、更持久。

如果尝试用一种不那么科学的方式，为情感价值和情绪价值定义一种关系的话，我们也可以列出一个等式：

$$情感价值 = 情绪资源 \times 稳定预期$$

像舒肤佳这个品牌，在过去20多年里的叙事关键词一直是"妈妈"，替妈妈保护全家，也替消费者保护妈妈。不管你的人生经历如何变幻，它都在稳定地提供妈妈式的安全感。于是很多年轻人就会觉得：舒肤佳一直在做的这件事，也是我想要做和愿意做的。他们对妈妈的情感，就会迁移到舒肤佳这个品牌身上。

类似地，耐克对像刘翔这样的运动员的守护，也会让普通人产生向往。普通人会觉得，我也想要被别人这样守护，我也想要这样守护别人。

所以，舒肤佳和耐克等品牌的魅力是怎么来的？就是在配角的故事里注入了人性嘛。过去几年新消费品牌很爱谈的"人设"，也跟这个操作有关。

多芬：如何打造第二故事线

在目标人群的人生故事之外，品牌作为配角，怎样构建属于自己的第二故事线呢？这一节，我想跟你聊一个典型案例，多芬（Dove）。

多芬的洗发水和沐浴露你可能用过。多芬是联合利华集团旗下最大的清洁个护品牌，也是全球市场规模数一数二的清洁个护品牌之一。这个品牌成立多久了呢？它是1957年在美国成立的，到2024年已经67岁了。算算年纪，比中国的老字号蜂花还老——蜂花是1985年诞生的。

一般来说，清洁个护品牌只要有二三十年历史，就会开始被消费者嫌弃，因为年轻人不愿意用妈妈们年轻时就在用的东西。而且，清洁个护市场还是一个新概念和新技术层出不穷的市场，竞争非常激烈。

但无论是在全球市场，还是在中国市场，多芬一直是一个不显老的品牌。在它活满60岁的2017年，它在全球的年销售额超过了200亿元人民币，成了世界第一的清洁个护品牌。越老越勇，多芬是怎么做到的？

多芬的命运拐点

日化老字号想要翻身做年轻化，常用的思路有两个：

一个是去签年轻的偶像代言人，把凝结在年轻偶像身上的情绪资源转化成产品的情绪价值。比如上海家化旗下的六神，2017年就请了"90后"歌手华晨宇做代言人。

另一个是去玩国潮，搞品类创新，把老字号当成传统文化符号来用。还是六神的例子，2018年六神跟酒水品牌锐澳（RIO）合作，推出了六神花露水风味的鸡尾酒。

而多芬的年轻化思路与此不同，并且它早在2004年就开始实践了。

你可能会问，都是20年前的策略了，现在讨论不会过时吗？恰恰相反。细看这些年很多女性消费品牌的品牌策略，你会发现，让它们管多芬叫一句祖师爷，一点都不过分。

在2004年以前，多芬一直是从产品的角度营销自己的，比如自家的美容香皂有多保湿、多滋润，通过广告给消费者看使用前后效果的对比，以此来证明自家的产品比别家的产品强。但到了2004年，多芬突然开悟了，从"理性地卖产品效果"转向了"感性地卖品牌信心"。

这一年发生了什么呢？从2004年2月开始，多芬在全球范围内发起了一项关于"美丽"的认知调研。在电话沟通了全球3200多名女性之后，多芬发现了一个有意思的冲突：所有女性都向往美丽，但是认为自己美的女性只有2%，认为自己不美的女性则多达98%。

你看，多芬面临的情况跟前面讲过的用户洞察很像：它发现了绝大多数目标人群的不舒适的感受——向往美丽，但又认为自己不美丽。

摆在多芬面前的路有两条：一条是帮消费者成长，一条是帮消费者和解。

如果选择帮消费者成长的话，多芬可是一个高性价比品牌，在大众的价格带上，让98%的人觉得自己拥有2%级别的容貌，那怎么可能？就算多芬真的帮消费者实现了巨大的容貌飞跃，很可能大美人群体里又会再划分出2%和98%两类人。人们永远不会满足，也不会因此对多芬形成感激和认同。

所以，多芬干脆利落地选择了帮98%的女性和解。

思路一换天地开。多芬马上意识到，自己应该下大力气提升的不是滋养消费者皮肤的功能价值，而是滋养消费者信心的情绪价值。

于是，多芬在开展调研的同时，还公开招募了6名女性——不是明星，而是普通人——让这6名普通女性在报纸、杂志、电视广告和户外广告牌上为多芬打广告。

这些普通人的共同点是身材都不完美，但是都非常乐观、豁达，在镜头前笑得非常自信。这组普通人广告发布的第一个月，多芬的销量就翻了一番。

到了2004年下半年，多芬把上半年的调研结果做成白皮书发布，还邀请了英美学界人士进行探讨，看可以怎么帮世界各地的普通女性建立对美的自信。

同时，多芬又推出一组普通人拍的新广告。这组普通女性的选择就更大胆了，从22岁到95岁都有，有的人肤色不均匀，有的人皮肤松弛，有的人满头白发，有的人干脆有小肚腩，还有的人腿粗、胳膊粗。她们都不是营销意义上的完美女性，但是又都有一个共同点——充满活力。

多芬在这组广告里向消费者提出了一系列问题：你认为她

们是超重还是超棒？是有瑕疵还是无瑕？……

这组问题放到今天，你可能已经见怪不怪了，但在2004年，其他日化用品广告请的可都是身材完美的模特、明星，因此多芬提出的这些问题就显得振聋发聩。一时间，看到广告的消费者纷纷涌进多芬的网站，来为这组问题的答案投票。

这一年，多芬的全球销售额飙升，其中在英国上升了700%，在德国上升了300%，在荷兰上升了200%，都创下了品牌的历史纪录。

也是从这里开始，多芬正式确定了自己的品牌价值观，就是告诉普通女性：你本来就很美，多芬鼓励你接纳你自己。

真美行动

多芬把自己这项营销活动命名为"真美行动"（Real Beauty）。这项活动一直持续到了今天。真美行动不只是给多芬做营销，还启动了"少女自信绽放计划"这类公益项目，为全世界7—17岁的女孩提供有关外貌自信和自尊的课程。2018年，多芬把类似的公益项目引进到了中国的180多所学校。

这项少女计划一启动，多芬就有了源源不断的典型消费者和故事素材，可以从各种不同的角度来阐述"你本来就很美"这个价值观。

我们举几个例子。

2013年，多芬拍了一个短片《真美素描》。短片中，多芬邀请了一名给犯罪嫌疑人画像的素描画家和7名普通女性来参加实验。素描画家要隔着帘子给这些女性画两张画像：一张根据她们对自己外貌的描述来画，另一张根据陌生人对她们外貌的描述来画。

画完之后，他们把这两组画像摆到一起。这些女性很惊讶：陌生人眼中的她们比她们眼中的自己普遍要更有活力、更美。借着这个对比，多芬成功地给出了暗示："你有关自己不美的感受是错的。"

2014年，多芬又邀请了几名成年女性来参加它的新产品"美丽贴"的测试。多芬要求这几名女性把它贴在胳膊上，每天更换，连着贴两周，并请她们每天拍视频记录自己的变化。

第一天，所有测试者都在视频里说没什么感觉。但从第四天开始，有人觉得自己变好看了。接下来，有人敢穿以前不敢穿的紧身衣了，有人露出了以前自认为很粗的胳膊，还有人去买了从来不敢买的礼服裙。

两周之后，参加测试的女性全都觉得自己发生了脱胎换骨的变化，都认为美丽贴是一种神奇的产品。但多芬揭晓了一个令她们意外的真相：美丽贴其实就是一张普通贴纸，里面什么营养成分也没有。

这一次，多芬给女性的心理认知是："你的信心才是把你的美释放出来的良药。"

多芬叙事的关键点

多芬的叙事里有哪些关键点值得总结呢？

第一，多芬提供的情绪价值是帮消费者自我和解。

对于"你本来就很美"这句话的情绪价值的挖掘，多芬做到了十足。

你想，一个做皮肤清洁护理的品牌，如果夸消费者本来就很美，不需要自己来帮忙改善，是不是挺需要勇气的？多数日化品牌应该都会担心：消费者要是真相信了美源于自己，那不就不需要买个护产品了吗？

而多芬克服这个心魔之后，换来的却是女性更强烈的情绪认同。女性消费者在超市里拿起多芬的香皂、沐浴露和洗发水时，心头更容易泛起的感受是：这个品牌是我们自己人。"它这么愿意呵护女性的自尊心和自信心，比我还看重我自己，它的产品能差到哪里去呢？"

正是这样的安全感，帮助多芬穿越了人群，穿越了周期。在这种级别的认同面前，它是不是妈妈也在用，是不是紧紧地跟上了护肤新潮流，就无所谓了。

第二，多芬构建女性认同，是不以向外树敌为代价的。

更准确地说，它在自己的叙事里树立了一个非常巧妙的敌人——女性的自我矮化心理。也就是说，它告诉女性，阻止你变美的最大敌人是你自己。

多芬都说了什么？"你所认同的千篇一律的标准化审美阻碍了你的自信""你的自我矮化遮挡了你的光芒""你得给自己勇气啊，你得相信自己的美"。

这种调调是不是挺熟的？它就像我们在职场里经常听到的："刘秋香什么都好，就是工作起来太拼，太不爱惜自己。"明贬实褒，刘秋香听在耳中其实很舒服。

第三，在消费者的故事线之外，多芬明确地梳理出了自己的第二故事线：成为一代又一代女性的美丽发现者和自信心呵护者。

在多芬自己的故事里，它有一个雄心勃勃的计划：帮全球女性养成自信心。它不限于讨论外貌，还会讨论怎样保持内在的自信，怎样面对霸凌，怎样练习有效沟通，等等。这些都在它少女计划的相关课程里。

基于这些公益项目和相关课程，多芬又能获得层出不穷的营销创意，这些创意和素材帮它不断夯实自己的人设，让它成为"一个比消费者更看重和爱惜她自己的品牌"。

就这样，多芬在全球市场上把自己塑造成了一个跨越年龄的女性支持品牌。当它的少女计划在全世界150个国家持续运作了17年之后，仅潜在的年轻女性消费者，就已经达到近7000万人。这个巨大的消费者基数能够让它像超级英雄一样，既可以在各种不同的故事里充当关键配角，又可以把充当配角时的所有高光片段摘出来，剪辑成属于自己的长篇叙事，串成自己的第二故事线，增加品牌的新鲜感和人格魅力。

四、叙事五步法：如何为品牌树立人设

前面两节介绍了这一章要讨论的叙事方法完全体：

有志于创造情绪价值的产品和品牌，需要有双故事线意识：第一故事线是消费者作为主角的故事线，产品在其中需要意识到，自己的使命是以关键配角的身份帮消费者完成他的旅程；第二故事线则是品牌自己的"番外"人生，品牌需要用独立的故事线来展现自己的价值观和生活选择，树立自己的人设，成为一个有魅力的配角。

那么，品牌的人设具体该怎么建立呢？我总结了一个"商业叙事五步法"，我们一步一步来看。

第一步：寻找情绪触点

第一步，观察你的目标人群，寻找他们的典型情绪触点。

怎么找呢？常见的办法是做详细的用户调研，做精细的访谈。不过，如果你没有时间做这些工作，有一些互联网入口可以供你参考。比如微博的热搜话题，还有热门微博下面点赞数最高的评论；B站流行的弹幕；抖音、快手和小红书的热门内容题材；网易云音乐的高赞留言；等等。这些都是情绪浓度高的普通消费者的典型表达。

你可能觉得，在这些场合表达出来的情绪太过细碎。但是千万不要小看这些细碎的情绪。

前两年流行过一份孤独排行榜，上面说"顶级的孤独是一个人去医院看病"。这个说法当时在网上获得了大量认同，无数人在自己的朋友圈、小红书和短视频平台引用。之后没多久，市场上就出现了一种新职业——陪诊师。干吗的？陪孤独的人去看病。

后来又流行过年轻姑娘在社交媒体上发照片，证明自己男朋友有多不会拍照，很快市场上又出现了一种新职业——陪拍，代替男朋友帮女孩拍出美美的照片。

你看，对有心人来说，**大众有共鸣的情绪触点，就是商业的创新机会**。

另一个办法，是直接通过目标人群最近流行的消费趋势，去反推他们的情绪需求动机。

比如，骑行能流行起来，是不是因为骑行谁都能骑，哪儿都能骑，没有什么技术门槛，不用区分性别，还能够融入大自然？你要是在2021年就做了这个反推，很可能就会预判到2022年飞盘和桨板的流行，因为这两者满足的情绪需求跟骑行类似。

再比如，看到露营流行起来，你也可以反推，是不是因为疫情几年大家不方便进行更正式的旅行？要是做了这个反推，你可能就不会急着在2022年扎进露营创业大潮，然后在2023年遭遇行业寒冬。

过去，品牌的启动任务是找准目标消费者。但是现在，你的目标消费者已经找到了，而且除了你，还有一大堆其他厂商也在盯着他们。你只有找到目标消费者的情绪触点，再去回应他们，才能够跟竞争对手形成差异化，抓住有高溢价的商业机会。

第二步：确定回应策略

找到了目标消费者的情绪触点，我们就来到了第二步，确定产品的回应策略。

怎么确定呢？让我们回到这个情绪生成公式：情绪＝感受＋动机＋行为。

右边的三个变量都可以成为你的回应抓手。你可以直接提供宣泄方案，也可以直接提供情绪资源，还可以顺应心理动机给出化解方案。具体的打法，我已经在第三章为你详细讲解过了，你可以回头再看看。

不过走完了前面这两步，品牌依然在"学做事"的圈子里打转，要想把人设立起来，还要依靠后面的三步。

第三步：上价值

第三步，给你的产品策略上价值，也就是把消费者的情绪需求上升成深层次的价值诉求，并把你的产品策略升华成你的品牌人格所秉持的价值观。

我们在设定品牌价值观的时候，要有对象感，因为这是一种品牌想要说服消费者接受的价值观，它跟组织管理价值观不是一回事。

举个例子。阿里巴巴有一条很著名的价值观——"今天最好的表现是明天最低的要求。"这就是很典型的组织管理价值观，是对内部的团队伙伴说的，不能对着商家和消费者说。

品牌价值观需要让消费者感觉你在跟他共情，比他本人更愿意善待他自己，也就是去强调"你值得我服务"里的"你值得"。比如，"躺平也有正当性""房子是租来的，但生活不是""猫最了不起"，或者"人就应该待在没有天花板的地方"，等等，都属于品牌价值观的范畴。

在设定品牌价值观的时候，不要担心某个价值议题会显得俗套，只要你能找到新鲜的故事去诠释它，消费者就能不断获得新鲜感。什么"真爱无敌""年轻就该无所畏惧""活在当下"，这些都能用。越俗套，就意味着它有越广泛和深厚的群众基础。

同时，品牌的价值观还要稳定。同一个导演拍电影，可能拍这部时说鬼是好的，拍另一部时又说鬼是坏的。在消费者的认知里，不同电影作品是不同的精神主体，价值观不同是可以接受的。但如果一个商业品牌，对待同类型的两起事件态度不一致，就会被消费者批评"双标"。究其原因，就是品牌的价值观不稳定。价值观一旦确定，就应该成为品牌所有行为的判断依据。

第四步：设定品牌愿景和使命

现在来到第四步，基于品牌价值观，去设定品牌的愿景和使命。一个品牌如果志在打造独立人格，那么它的愿景和使命就值得专门去策划。

首先来看愿景。愿景是人们心目中理想化的未来。比如，"成为全球最大的××公司"，或者"存活时间超过100年"，这些愿景，都是企业希望自己成为的理想模样。

但品牌愿景跟企业愿景还不是一回事。品牌作为一个关键配角，它的愿景应该是为消费者构想的理想世界。

不过在真实的市场上，我们很少看到企业为一个品牌专门设立愿景。为什么呢？因为不同的品牌在面对同一群消费者时，构想出来的理想世界很容易没有区分度，也就没有什么讲述的价值。

比如，有一个品牌是做运动装备的，还有一个品牌是做保健品的，它们构想的理想世界肯定都是"人人健康、永无病痛"。既然没有差异，也就没有必要喊出来了，大家心里有数就行。

相比之下，品牌的使命会更有区分度，更值得品牌发力。

所谓的使命，就是在理想世界的形成过程中，品牌所要承担的角色和责任。

设定使命也要有对象感。**使命，不是品牌自己为自己制订的计划，而是品牌假定消费者布置给自己的任务。**

比如，同样是追求一个"人人健康、永无病痛"的世界，消费者给A品牌的任务可能是提升消费者的运动热情，给B品牌的任务可能是降低消费者按时作息的难度，给C品牌的任务可能是让消费者不运动也能健康，这就可以定义出不同的使命。

举几个例子。耐克的使命是，将灵感和创新带给世界上的每一名运动员。同时，耐克又用自己的方式定义了"运动员"。它认为，人只要有身体，就是运动员，只要你的身体机能保持运转，耐克就想给你提供运动灵感和创新性。

健身App Keep给自己定义的使命是：帮助中国乃至全球更多的人更好地运动。怎样让更多的人愿意更好地运动？它选择的切入角度，是通过调动人们的社交热情来调动人们的运动热情，于是想出了奖牌社交的玩法。

还有同仁堂。同仁堂作为中药老字号，愿景同样是维护健康，它给自己定义的使命是"同修仁德，济世养生"。怎么做？

坚守药品质量。同仁堂创始人流传下来一句古训，原本是用来约束员工和制药工艺的——"炮制虽繁必不敢省人工，品味虽贵必不敢减物力"，这句话传递出了一种对品质的偏执追求，也因此成为同仁堂揽客的最佳广告。

第五步：做出你的品牌人设

定义完品牌的价值观、愿景和使命，我们终于走到了最后一步，可以给品牌做"人设"了。

所谓的品牌人设，其实是品牌人格跟消费者打交道时的社交界面。它像是一名知性少妇，还是一个毒舌文青？是天才少女，还是搞笑担当？是蓝莓控，还是旅游狂人？这些人设都可以。在社交场上，讨人喜欢的人设有很多种类型。

但在这个环节，你更重要的工作不是创造人设，而是"面试"它们。也就是把各种讨喜的人设当作品牌的候选人格来面试，判断它们跟前面提出的品牌价值观是否协调，是否适合背负品牌所设定的使命。

比如毒舌文青这个人设，它适合承担给运动员提供灵感和创新的使命吗？显然不适合。再比如搞笑担当这个人设，它适合去推荐新潮的零食吗？显然也不适合。

这么面试一轮之后，你的品牌人设叠加背后的价值观、愿景和使命，就能够变成稳定的品牌人格。这样的品牌人格不但讨人喜欢，还能够给人稳定的预期，让人感觉你值得信任。

前面提过，人的魅力源于自成一体和乐在其中的小宇宙。一个品牌有了与使命和人设相协调的人格，也就有了乐在其中、为之不懈努力的小宇宙蓝图。

这五步走下来还有一个作用：品牌的价值观、使命和人设能够成为一套工具，可以让你在梳理第一故事线时利用其去筛选、判断谁更像你的典型消费者，什么是你需要的典型情境，谁最有可能跟你的品牌人格碰撞出好看的故事。

五、价值观与"投名状"：三道必答题

明确了自己的价值观、使命和人设之后，品牌就有了稳定的品牌人格，可以推动第二故事线的展开了。在第二故事线里，品牌可以借助一个又一个跟消费者相关的故事，来推动品牌自己的成长。

你可能会有一个疑问：第一故事线是拿消费者的故事串起来的，第二故事线也是拿消费者的故事串起来的，两条线到底有什么不同呢？

打个比方，这有点类似于用沙僧的视角把《西游记》的取经故事再讲一遍。你可以想象，孙悟空和唐僧的戏份很可能会被大大删减，而沙僧的戏份则会增多。但是这条新的取经故事线里，有很大一部分素材仍然会跟原来的《西游记》重合。

切换到商业叙事的语境里，道理也是类似的。品牌虽然可以借用第一故事线的很多消费者故事素材来构建第二故事线，但是还需要在第二故事线里向消费者解答三个特别的问题：

第一，我是谁。

第二，我所倡导的价值观何以成立。也就是这个价值观有什么由来，为什么重要。

第三，为了贯彻我所提出的价值观，我愿意承担怎样的责任和代价。

消费者对品牌的共情会以两种形态出现，一种是认同，一种是向往。品牌如果能把上述三个问题向消费者解答清楚，就有很大的机会让他们相信自己值得被认同、被向往。

我是谁

"我是谁"这个问题，其实是在问，品牌跟消费者共创的两条故事线里，品牌的人格原型是什么，以及品牌作为配角和主角的关系原型是什么，也就是"我在消费者看来是什么样的人"，以及"我跟消费者的关系是怎么样的"。

要回答这两个问题，其实掌握上一节树立品牌人设的方法就够了，也就是紧紧围绕消费者这个主角去设定自己的价值观、愿景和使命。如果你愿意琢磨，我还可以推荐三套现成的人格原型供你参考。

第一套，是营销学界的经典品牌人格模型。它是参照心理学家卡尔·荣格的人格原型总结出来的。这套人格模型总共分四大类、十二种，每一种都有自己的价值观、意义论和性格特点。我针对每种人格原型列举了一个品牌，放在表1中。

表1　人格原型及品牌示例

类别	原型及品牌示例	原型及品牌示例	原型及品牌示例
独立类	天真者：迪士尼	探索者：星巴克	智者：谷歌
掌控类	英雄：士力架	颠覆者：苹果	魔术师：万事达
从属类	普通人：宜家	爱人：香奈儿	小丑：M&M
稳定类	照料者：亨氏	创造者：乐高	统治者：奔驰

第二套，得到App有一门课——《潇水讲透三国演义》。主讲人潇水老师用刘备、关羽、张飞、诸葛亮、曹操、司马懿、周瑜等三国人物，总结了一套中国传统价值观里的人格原型。你要是感兴趣，可以去看一看。

第三套，是我自己常用的一套人格原型，更倾向于用关系定义角色。在我看来，从与消费者的关系角度来看，品牌的人格原型可以分成常见的五类：

第一类是智者，也就是提点和启发消费者的人，类似于我们今天看到的谷歌和ChatGPT。

第二类是陪练，也就是陪着消费者变强的人，类似于我们前面讲过的Keep。

第三类是副手，也就是为消费者出力、跟消费者共进退的人，类似于耐克。

第四类是代理人，也就是跟消费者说"放着我来"、替消费者出头的人，类似于舒肤佳、Ubras。

　　第五类是疗愈者，也就是开导和宽慰消费者的人，类似于王小卤。

　　当然，品牌人格不一定是单一的，也可以是几种人格原型的任意组合。而且无论是哪一种，你都可以给它加一点点"爱侣"这种角色原型的色彩。因为上面提到的几种人格原型其实都是情绪助手，而爱侣这一角色则是情绪对象，能够直接给消费者提供安全感、新鲜感和价值感。

价值观何以成立

　　品牌要解答的第二个问题是：我所倡导的价值观有什么由来，为什么重要？

　　从故事一开始，品牌就应该意识到，自己是以开悟者的姿态提出这个价值观的。那么接下来，品牌就应该在故事里玩命地论证它的正确性和重要性，而不应该去展现自己的内心拉扯和犹疑——这会削减消费者对这个价值观的信任和热情。

　　比如，王小卤从做卤猪蹄转做虎皮凤爪之后，就坚定地告诉市场，虎皮凤爪是最好的卤味零食，而不是去告诉消费者当初放弃卤猪蹄它有多纠结，多舍不得。

　　多芬的案例也很典型。多芬信奉的价值观是，你要相信，你本来就很美，为此它背负上了自己的使命——"守护全球普通女性的自信心"。

它这个价值观是怎么来的？一切都源自2004年那次全球调研，它发现了一个普遍的痛点：98%的女性都向往美，却自认为不美。那对多芬来说，其余2%的美女值不值得呵护？或者，帮助98%的普通女性追求美会不会也是一种思路？但是，价值观既然选定了，曾经有过的纠结，多芬就不会公开再提。

而我要特别提醒每家消费公司和每个个体的是，2018年以来，有三组叙事力量正越来越强有力地在商业世界里展开对决，以争取更多的认同者，在未来占据更优势的地位。

这三组力量分别是：货币与产能、本土与出海、股东与社会。

第一组，货币与产能的叙事对决。它们的辩题是：**在经济循环里，谁该拥有价值裁定权？**

货币这边的代表选手是美元。美元是全球经济大循环里的主导货币，代表着绝对的流动性和购买力，购买力又代表需求，需求能够决定分工，也就是决定谁来成为产能。因此美元和美元所代表的金融资本，事实上主宰着全球经济的循环链路。

而产能叙事是说，创造价值的能力本身就是价值，货币只是反映产能价值的符号，不能裁定产能的价值。

拿中国的产能举例。中国现在的全球最大出口国仍然是美国，但要是把东盟和欧盟分别看作一个整体，那么它们已经是中国的第一和第二大贸易伙伴了，对中国产能的需求已经超过了美国。这意味着产能和需求绕开强势的美元实现了自我匹配。产能本身就是价值。

第二组，本土与出海的叙事对决。它们的辩题是：**本土和海外哪个市场会是中国企业未来的最大战场？**

在国内，供给侧改革的使命之一是削减过剩产能。产能过剩就是需求不足，该怎么办呢？你肯定已经感觉到了，目前整个市场的氛围是你得向上做技术探索和创新，在国内创造需求增量。

在海外，疫情给中国产能打开了新的国际市场空间。出海不再是传统的代工出海，而是到海外寻求增量，在海外市场做自有品牌和供应链的扩张。

二者都在不断地争取认同者加入。

第三组，股东与社会的叙事对决。它们的辩题是：**公司应该优先对谁负责？**

股东叙事是说，公司是股东掏钱办的，只要能给股东创造利润，那就有存在价值。

而社会叙事是说，公司是整个社会系统当中的一个角色。只有给整个社会带来正外部性[1]，公司才有存在价值，社会才愿意让它存在，允许它获取商业利益。

在中国，社会叙事正在不断从股东叙事那边抢人，很多大

1　经济学术语。指企业生产活动在未得到相应补偿的情况下，给其他经济主体带来了非预期的利益和正面效应。

公司都在开始琢磨自己的社会价值和责任是什么，该用什么样的方式去履行它。

这三组对决的能量之大，基本让所有想做品牌影响力的公司和个人都无法忽视。哪一方争取到了你的认同？你的选择会深刻地影响你的价值观和战略决策。

品牌承担着什么责任和代价

品牌要在故事线里解答的第三个问题是：为了贯彻我所提出的价值观，我愿意承担什么样的责任和代价？

要回答这个问题，我们得把第一故事线和第二故事线放在一起观察。

我们在讲第一故事线时提到过经典的三幕戏结构：第一幕，平静的生活；第二幕，价值观的拉扯；第三幕，价值观的重构。在第一故事线里，消费者无论是决定买不买新房，扔不扔旧餐桌，还是决定要不要用无尺码内衣来解放男性凝视之下的自己，都需要先经历一番内心的拉扯，然后才能觉醒。

一旦觉醒，消费者此后的路就必须是光明大道，此后的生活也必须是美好生活。如果觉醒之后的路比之前更孤独、更荆棘密布，那消费者就懒得觉醒了，也就不会奔向品牌提出的价值观。

光明大道和美好生活怎么来呢？消费者既然花了钱，那自然是想让产品和服务给他们铺好路嘛。比如，有一个价值观是"人就应该待在没有天花板的地方"，刘秋香一听就深以为然，觉得这句话发泄了自己在公司和家里生的那口闷气。但如果让她亲自努力去寻找没有天花板、不受限的地方，那可太难了。

怎么办呢？刘秋香发现，露营消费创造了这种情绪供给，她可以直接购买到这种"没有天花板"的新鲜感和舒适感。这就是第一故事线的情况。

那到了第二故事线呢？品牌在这里作为主角，所遵循的旅程原型正好要跟第一故事线反过来：它得先觉醒，再承受考验。品牌要做的，是证明自己在觉醒之后甘愿承担起新的责任，承受新的代价。

这些责任和代价，有一些是品牌替消费者背的。因为品牌跟消费者是旅程上的同盟，在双双觉醒之后，消费者负责获得权利和自由，而品牌作为消费者的关键配角，还是收了人家钱的关键配角，理应替他们扛走对应的责任和代价。

举个例子。瑞典豪车品牌沃尔沃的品牌核心价值很另类，不是奢华、尊贵，而是安全。它给自己设定的愿景是"迈向零伤亡，制造不会碰撞的汽车"。成立90多年来，沃尔沃一直在说服消费者：挑选一辆汽车的时候，最重要的不是看它舒不舒适、动力强不强、豪不豪华，而是看它的安全系数有多高。如果预算充裕，应该把钱花在安全这件事上。

为此，沃尔沃需要承担什么样的责任和代价呢？业内有个说法，今天汽车行业有一半的安全配置都出自沃尔沃的研发部门。像我们今天惯用的三点式安全带、儿童安全座椅的标准化接口，都是沃尔沃发明出来后，开源共享给全行业的。

2019年，沃尔沃还宣布说，它发现多数汽车厂商只拿成年男性的数据来做汽车的安全评估，这对女性、儿童和老人不公平。所以，它决定把自己近50年的安全研究成果无偿分享给整个汽车行业，来保障更多人的出行安全。

你看，这就是为了安全至上这个价值观，沃尔沃甘愿背负的责任和代价。

第二故事线里，还有一些责任是品牌替自己背的。既然让消费者和品牌走到一起的价值观是由品牌方发起和倡导的，那么品牌就需要向消费者证明，自己是比消费者更虔诚的价值观奉行者。

举个例子。美国最大的户外品牌之一巴塔哥尼亚（Patagonia），在背负责任这事上就很有自己的觉悟。

巴塔哥尼亚的价值观是"地球第一，利润第二"。2011年，它在《纽约时报》上打出整版广告，请求消费者不要重复购买自己的某一款爆款夹克衫。为什么呢？巴塔哥尼亚说，因为重复购买太不环保了。公司可以帮消费者免费修补或回收旧衣服，鼓励人们把衣服传承给下一代，或者在有需求的人当中流转。

这家公司太有个性了，所以硅谷和华尔街的精英们都开始以穿它为荣。2008年之后，高盛和摩根大通带头，很多金融公司开始找巴塔哥尼亚批量订购带有公司标识的户外马甲，当工作服发给员工。

结果这事引发了巴塔哥尼亚的不满。在巴塔哥尼亚看来，带有公司的定制标识，会导致衣服转卖困难，缩短使用寿命，增加浪费。于是，巴塔哥尼亚主动取消了定制服装的服务，宣布不再接受新的金融企业客户的订单。

2022年，巴塔哥尼亚的创始人宣布把整个公司"捐给地球"，也就是把估值30亿美元的公司的所有权，全部转让给非营利环保组织和环保信托基金。该创始人还写了一封公开信，信中说："地球是我们现在唯一的股东。"

沃尔沃和巴塔哥尼亚这样的品牌，甘愿为自己所倡导的价值观承担责任和代价，就会让消费者加深对这个价值观的认同，也加深对品牌的共情。在消费者看来："这哥们儿是玩真的，好有感染力。它对这件事这么虔诚、狂热，让事情产生了超越它自身得失的意义，真是令人神往，我也想加入。"这就把产品蕴含的情绪资源从新鲜感和优越感，直接拉升到了价值感。

反过来看，如果这些品牌并没有承担相应的责任和代价，消费者就会心生疑虑："你的价值观为什么要我来买单？你这不是割我的韭菜吗？"

> **案例**

跳海酒馆
——把消费者卷入内容与情绪共创[1]

疫情3年，很多消费与服务行业都很有压力。尤其是线下服务业，营业节奏没法自主，很多门店的业绩都在缩水。但是有一家名叫跳海的小酒馆，却逆势扩张，开一家盈利一家，单店毛利率甚至能达到70%。

这家小酒馆是疫情前创立的。2019年8月，它的第一家店开在北京后海。几年来，它逆势在全国开了20多家店，每开到一个地方，在没有投放流量的前提下，都会直接被消费者推上大众点评热门榜的前5名。2023年6月，它的上海首店在长宁区平武路38号开业，迅速成为长宁区酒吧热门榜第一名。

跳海不是那种一次游的网红打卡点，而是北京、上海、广州、深圳、成都、重庆、杭州等地新一代互联网圈年轻人的精神家园。闲暇时间去跳海待着也就

1　参见得到App课程《蔡钰·商业参考3》关于跳海酒馆的012、013、014讲。

罢了，很多人甚至活儿没干完，也专程过去，抱着电脑坐在人家吧台前加班。

跳海一家门店的全职员工只有两个人，但有的大店，比如在北京的第四家店，450平方米，全年月均夜间客流量能达到1万人。

大家为什么一去再去、加班也要去？是跳海的酒品独特吗？是跳海烧钱打价格战吗？都不是。跳海不卖什么稀罕的洋酒，就是主打精酿啤酒，而且每杯还比同行们贵个5—8块钱。

那么，跳海究竟跟传统意义上的酒吧、酒馆有什么不同，以至于赢得了一线城市最新潮的那批年轻人的心呢？

最直接的答案就是情绪价值。可以说，跳海酒馆是2020年新冠疫情爆发以来我看到的最懂创造情绪、变现情绪价值的创业项目之一。

从"能理解我"到"能共情我"

今天的消费市场发生了一个关键变化：消费者要求产品的供给方从"能理解我"深入到"能共情我"。

情绪之幽微，很难在观念层面实现深刻理解。要回应消费者的情绪，最佳选项是供给方自己与目标客群就是同一类人，彼此能够充分共情。

在创立跳海之前，跳海酒馆的创始人梁优就是个爱张罗朋友组局喝酒的人。也就是说，他后来做跳海酒馆，其实是首先满足自己，其次顺带满足一群跟他有类似需求的潜在消费者。

这样一来，跳海所拿出的市场需求，就不是分析出来的，而是从创始人自己身上长出来的。在它的受众看来，你是酒鬼，我也是；你爱社交，我也是。你比我更懂我想要什么，因为我们是一样的人。

你肯定有常去的咖啡馆、奶茶店，但你叫得出那里店长、店员的名字吗？很难吧。可我的不少朋友相约去跳海，提起创始人和店长、店员都是直呼其名，"疼疼啊""二狗啊"，像是真的约在朋友家里聚会似的。

所以，共情是一种能让人被别人当成朋友的能力。被别人共情，或者与别人共情，这是今天市场上越来越主流的一大类消费需求。

"共情"两个字，又指向了一个奇妙的变化：供需双方的关系，从"你和我"变成了"我们"。

这两种关系有什么区别？

"你和我"，是甲乙方、对手盘的关系，价值就在你和我之间流动，我潜意识里认定，你的所有行为都是为了算计我。

"我们"，是自己人、共同体关系。我们对世界有相似的趣味和信念，我们在一起，是为了一致对外，一起向世界讨要新鲜、快乐、舒坦、安全和价值。哪怕这个过程我要付费，那也只是我在承担我们这项共同事业的成本。

换句话说，共情能力还能闭环消费者的付费逻辑、降低消费者的付费难度。

去中心化运营

由于能够与消费者深度共情，跳海知道，朋友们来酒馆是寻开心的，而不是喝酒的。酒馆不是餐饮业态，而是空间产品。啤酒不是产品，而是进入酒馆这个空间产品的门票。

那么，打造情绪价值的重心应该放在产品上还是门票上？当然是酒馆这个产品上。

基于这个认知，跳海采取的方式是，不断为消费者发起活动、创造内容，提供情绪资源，转化情绪价值。

但是有一个问题：怎样才能源源不断地产生活动创意呢？同样的活动办上几次，消费者就不会再有新鲜感了。

跳海的第一家店，可以依仗创始团队的人脉资源和内容才华，但当它在异地开出十几家店，未来想要开出100家店，每家店里只有两个全职员工，那肯定不能全都靠自己，必须得仰仗本地受众来创造在地化的内容，凝结在地化的情绪。

怎么调动本地受众的积极性呢？

跳海的运营思路是：去中心化。从物料到店员的言行，跳海都在往这个方向引导。

不少吧台贴着小告示："照顾好自己，别跟我们客气。"意思就是，你可以自己动手。有家酒馆的墙皮掉了，看着脏兮兮的，按照一般酒馆的思路，得补补吧？不然客人不愿意坐在附近。但跳海不补，反而拿马克笔画个箭头标注出来，用英文写上"这是个伤口，但没事儿"。谁家没有个凌乱无序的地方？心里有个伤口就不能做朋友了？别挑剔，坐下吧。

运营团队虽然是酒馆主人，提供了空间产品，但没有包办心态，而是把每个进入空间的朋友，都默认成今天的半个主人和这场聚会的共创者。在这种氛围里，每个进来的酒客都在投身活动、体验情绪，也能发起活动、创造氛围，成为别人体验的一部分。

一个酒客来到跳海酒馆，不光可以聊天、听歌、看展，还可以申请当一天的打酒师。他打酒这一天，可以领工资和分成，他的朋友来喝酒可以享受半价优惠。有时候店长甚至可以休假，把酒馆委托给熟客打理。

跳海在线上有微信群，客人们互相都熟悉。但跳海的新客人占一半以上。一个好奇的新人过来，就算不点酒，也可以认识奇怪的陌生人，参加奇怪的活动。很多年轻人甚至愿意带爸妈来，让爸妈看看自己为什么喜欢泡在这里。

还有些年轻的父母，干脆带着孩子，把孩子托付给店长，自己在一旁喝个痛快。到了周末，在跳海结识的新朋友们还会相约出游，骑车，去户外徒步，顺便清理山野间的垃圾。

跳海这种运营灵感是怎么来的呢？这就需要讲一讲它的创始人梁优的故事了。

梁优养了两只狗，喜欢让朋友们叫他梁二狗。除了喜欢养狗，他还喜欢交朋友、攒局喝酒。而且比起鸡尾酒这种有腔调的酒，他更喜欢啤酒，觉得啤酒是"人民的饮料"。

梁优前些年从苏北来北京闯荡，在胡同里租了房子，隔三岔五邀请朋友来家里喝酒，还干脆在客厅装了三个打酒的酒头，把在家喝酒变成了每周五的固定节目。一开始他只邀请自己认识的朋友，后来朋友带朋友，朋友的朋友又带朋友，他一律来者不拒。他也不跟人见外，来了就一起分摊酒钱，谈天说地，放电影，听音乐。从2018年年初开始，短短一年半之后，他的喝酒朋友群，就从二三十人扩张到了300人。

人太多，家里坐不下，邻居也受不了，经常投诉。于是，他决定跟另外三个朋友一起在后海开家酒馆。这就是跳海酒馆的起源。之所以叫跳海，是因为朋友们喝开心了就往后海里跳。

梁优和朋友们把客厅酒局的氛围延续到了跳海酒

馆。也就是说，跳海酒馆的基因里就带着"照顾好自己，别跟主人客气"的调调。谁来朋友家里喝酒，不得在厨房和水吧给主人搭把手？谁碰到朋友的朋友，不得认识认识聊几句？

跳海酒馆，一开始就是基于"我们"关系形成的情绪现场。

造节＝组织人们一起做点什么

当然，要让群众参与内容和情绪共创，你得领头和示范。

跳海的方法是，给酒客造节。

我先问问你：你想过什么叫节日吗？

中国有很多节日，传统的、现代的，春节、端午节、泼水节、重阳节，"双十一"电商大促节、草莓音乐节、潍坊风筝节、淄博烧烤节……

这些节日，指的单纯就是某一天吗？并不是。对于节日来说，重要的不是那个"日子"，而是"人们在那一天一起做点什么"。

传统节日流传下来的仪式，其实就是"一起做点什么"：一起祭祖，一起登高，一起包饺子，一起吃月饼，一起唱国歌。新的节日在今天这个时代不断被创造出来，人们在节日里一起刷淘宝买东西，一起去淄博吃烧烤，一起到乌镇看戏剧，一起到西宁看电影，一起在草坪上听摇滚，一起在漫展上扮成喜欢的动漫人物。

放在全世界也是一样。美国人过节一起吃火鸡，泰国人过节一起放水灯，因纽特人过节一起捕猎鲸鱼……他们都是在过一个大家"一起做点什么"的日子。

一个人做一件事是做事，一群人都做这件事就成了集体活动。我独自倒一杯酒敬我远方的朋友，不需要别人参与，这个行动只对我自己有意义。但要是在这一天，全国有1000个人都倒了一杯酒，敬各自远方的朋友，而且我们互相知道对方也在做这件事，那么我们就创造了一个有归属感、有共同意义的集体活动。

事件就是内容，内容能够承载情绪和意义。而集体活动就是共同事件，活动参与者如果有内容提炼能力，就能够创造共同意义和共同情绪。

而造节，就是周期性地创造共同事件、意义和情绪。这是一种高效复用情绪资源的方法。

2023年暑假，跳海在全国各地门店举办了一个活动：全国酒鬼运动会。你只要去跳海酒馆，就能参加。

北京比较正统，搞了酒鬼篮球赛。成都比的是立定跳远、桌上冰壶。重庆比的是干瞪眼、手指一字马、吹蜡烛、土味情话、冲浪板摸高。广州、深圳搞的是踢拖鞋。杭州呢？金牌键盘手运动会，比谁的打字速度快。

这样的活动，多轻松！多好玩！谁到了现场能忍住不参加呢？就算能忍住不参加，你能忍住不在旁边围观、喝彩、起哄吗？

酒鬼运动会算是大活动。在寻常日子里，跳海也很会玩。北京跳海过年会拉着留守青年们包饺子。这放在上海的酒馆应该是不可想象的，多毁调性啊！但跳海不介意。北京跳海的吧台上还有一本共创的小说，每个人都可以翻看，再接着上个作者的故事继续往下编一段。

更重要的是，这些创意不全来自跳海的团队，其中相当大的一部分来自消费者的贡献。客人们坐在这里喝酒，聊着聊着灵感来了，就会跑到吧台，跟打酒师说，我想办个活动！三言两语把事情沟通妥了，快的话，一个活动当天就能落地。

像杭州的金牌键盘手运动会，其实是杭州的打工人发明的，目的是自黑。获胜者的奖牌上写着："真的很喜欢上班，那种低人一等、受人欺负又赚不到钱的感觉，真的很让人着迷。"你看，这种阴阳怪气，如果是一个商业品牌对消费者喊话，消费者一定会觉得被冒犯。但跳海酒馆是主客不分的，大家并不计较这个活动是谁提出来的、是冒犯谁的，而是觉得"我们又共创了一次很妙的自黑"。

所以，节日等于人们一起做点什么的日子，商业造节等于组织人们一起做点什么，并给他们提供产品和服务。这是在今天创造消费需求和情绪价值的一种重要策略。跳海的节日造得很成功，如果我们没有那么强的造节能力，可以在人们有共识的现成节日里组织共同行动，提供周到与独特的服务，这也能够创造情绪价值。

六、怎样用国潮来讲故事

提起"国潮"这两个字，你最先想到的品牌是什么？我之前做过随机调查，得票最高的是李宁，其次是故宫文创。

其实近几年，国潮似乎正在成为消费市场上的新财富密码：汉服成了山东曹县的支柱产业，新中式家具在淘宝上年销售额超过百亿元，52TOYS研发了唐朝仕女做瑜伽的玩具，就连山楂片都要做成金箍棒的样子。

那么，到底什么才算国潮呢？

成功的中国本土品牌不等于国潮。小米、华为都是很成功的中国品牌，但不是国潮品牌。李宁、故宫文创、各省博物馆的考古盲盒都算国潮，五芳斋、大白兔这样的老字号现在似乎也有一些国潮的气息，而飞天茅台和云南白药虽然比五芳斋和大白兔更火，但都不太有国潮的意思。

中国风也不完全等于国潮。像昆曲《牡丹亭》、苏州评弹，还有全国各地兴起的民俗特色小镇，都算中国风，但直到琵琶演奏家方锦龙用琵琶模仿起西班牙响板和欧美吉他，才吸引了原本对中国民乐不感兴趣的人。

所以，到底怎么才能在市场上完成国潮身份的确认呢？

所谓国潮产品，就是带有经典中国元素的流行消费品。"国潮"这两个字本身就已经是一个极简的方法论：国是中国经典，潮是新派。一个产品要想用国潮来讲故事，那经典和新派得同时有。

本身是经典老字号的，就要去捆绑新潮包装或者新潮品类。从零做起的新品牌或者新品类，就要去捆绑大众熟悉的传统文化符号，比如毛笔书法、唐诗宋词、京剧脸谱、宫廷纹饰、水墨工笔画等，用这些经典元素来勾起消费者的情绪认同。

所以今天市场上的老品牌翻新、新品牌复古，都可以算作国潮。你能看见大白兔奶糖在卖沐浴露，也能看见和府捞面把面馆做成中式书房。这都是经典和新产品、新服务的结合。

然而，既然都是用经典+新派这个套路，为什么不同品牌的影响力有强有弱呢？这里面当然有品类的区别，也有营销力度的区别。但除此之外，在讲故事的策略上，它们也各有不同。

前面说了，**国潮＝中国经典＋新派潮流**。这个公式继续展开，又可以分成四类。

国形潮形

第一类，我叫它"国形+潮形"，也就是用经典文化形态与新潮形态混搭。比方宫廷纹饰的口红、眼影，Q版的林黛玉公仔，三星堆形状的雪糕等。

在这些产品身上，新潮的产品形态负责功能价值，传统文化符号负责情绪价值。你在黄鹤楼门口看见一根普通雪糕和一根黄鹤楼形状的雪糕，肯定愿意买后者，因为它更好玩、更适合拍照，贵10块钱就贵吧。

这类国形＋潮形的产品是最容易做的，但也最容易同质化，让消费者审美疲劳。2021年上半年，网上流传过一份"中国特色小镇死亡名单"，上面说国内至少有100个文旅小镇处于烂尾或者倒闭的状态，原因就是没有特色，缺乏文化根基。

其中一个项目是西安投资3.5亿元筹建的陕西白鹿原民俗文化村。2016年刚开业的时候，这个文化村人气爆棚，但短短一年之内，旁边就开出了同质化的白鹿原影视城、白鹿仓等，都来扎堆抢蛋糕。之后，白鹿原民俗村苦撑到2020年，就决定拆除了。

超级文和友这几年很火，于是很多商业地产商动了心思，想要在各个城市仿建类似的复古小景区。有三四个朋友让我帮着参谋这件事。我基本上都会这么回答："朋友，想一想上一批关停的特色小镇失败在哪里？你有没有想过，把一个国风特色小镇视为一种周边的话，它的正主是谁？"

正主是什么？正主就是某个大IP。周边是什么？周边是围绕某个IP开发的衍生品。玩具、食品、文具、图书、海报、专辑，甚至餐厅和主题乐园，都可以算作某个大IP的周边。

前面我们讲到的黄鹤楼雪糕和林黛玉公仔，就是黄鹤楼和《红楼梦》的"周边"。黄鹤楼景区和《红楼梦》的文学影视作品，就是衍生出这些周边的IP，也就是它们的"正主"。这些周边产品之所以卖得不错，是因为它们的正主带有深厚的文化和意义底蕴，不需要给周边另外设计一套产品内核。

按照这个逻辑，当我问"把一个国风特色小镇视为一种周边的话，它的正主是谁"时，其实我是在问"它可以从哪种现成的文化底蕴里套利"。

这个问题又会衍生出两个问题：第一，它的正主本身有差异化竞争力吗？第二，它在正主那里有差异化竞争力吗？

过去几年的国风特色小镇们其实也隐约意识到了这一点，所以多数采取了一种偷懒的做法：把宏观意义上的中国古风当作自己的正主，不去做更细节的在地化区分。都做亭台楼阁、小桥流水，只要是大众有印象的中国符号，就都拿过来。

但你得知道，把古代中国当成正主的话，周边竞争者可太多了。

在今天的市场上，其他国形潮形的产品或者商业景观，也面临着同样的处境。只在符号层面当周边，就需要给自己找一个有文化底蕴的正主。要给宏观意义上的中国风当周边，要么得像故宫文创那样拿到官方授权，要么做第一个。如果不是"太子"也不是"长子"，就很难在激烈的竞争里获得长期的支持。

国形潮魂

国形潮形的产品好做，但竞争压力无比之大，市场淘汰非常快。怎么办呢？有的国潮品牌就摸索出了第二种产品模型：
"国形＋潮魂"，也就是中国产品的形态，新潮产品的内核。这就
开始有点技术含量了。

2019年上映的动画电影《哪吒之魔童降世》就是国形潮魂。
这部电影借用了哪吒的传统设定，但放弃了哪吒反抗父权的精
神内核，而是讲了一个古怪小孩破除世界刻板印象、寻找自我
的故事。这等于是借中国的文化符号讲了一个现代内核的故事。

腾讯的国民级游戏《王者荣耀》也算国形潮魂。它大量借
用中国文化符号，蔡文姬、小乔、鲁班、庄周这些古代中国的
风流人物，都变成了有不同战斗技能的英雄角色。历史上真实
的小乔是个弱女子，她跟庄周甚至不是一个朝代的。不管。《王
者荣耀》里的小乔拿把折扇当回旋镖用，要是击中庄周，庄周
就得掉血。

一个产品一旦有了魂，也就是内核，它能够召唤的情绪就
比国形潮形的产品丰富了。同样是文创产品，折扇上印一句雍
正写的"朕就是这样的汉子"，或者遮光眼罩上印一句雍正写的
"朕不能看透"，为什么会让你觉得它们比黄鹤楼雪糕好玩？因
为它们借着雍正的话，给你提供了传统的表达形式和当下的潮
流态度。

所以，为什么在这么多国潮品牌里，故宫文创和李宁给人
的印象最深？简单来说是因为，与那些把传统文化做成表层视
觉符号贴在产品上的玩法比起来，它们的产品开始有了内核。

国魂潮形

既然有国形潮魂，那当然也有国魂潮形，也就是传统内核搭载新派、新潮的形态。形式是服务于内涵的，所以到了国魂潮形这个模型，产品就都是有中国魂的产品了。中国元素不仅仅停留在表层符号，还下探到了中国情怀。

让我们想一想，李宁旗下的中国李宁为什么会走红？

2018年年初，中国李宁借着巴黎时装周走秀，突然红得一发而不可收，但到了今天，你还记得当时具体是它的哪件衣服、哪双鞋子成了爆款吗？大概率不记得了。

你印象更深的可能是这么两件事：第一，街头巷尾常见的国货被世界潮流殿堂认可；第二，这个品牌的创始人在上一个时代，代表中国人战胜过全世界。

这两件事结合起来，会让我们产生一种解恨式的共同体骄傲：李宁这个品牌，替我们回到了某一个世界主场。

这是什么？民族自豪感。所以大众为什么喜欢李宁？因为整个李宁品牌带有的产品内核就是民族自豪感，而李宁本人又是这种自豪情绪的发源者。你这个品牌能够召唤出我的自豪感，你的产品刚好还挺潮，所以爱你，买它。

歌手周杰伦有一首非常典型的国魂潮形的作品：2000年发布的《娘子》。这首歌跟他后来带动的中国风完全不一样，是用R&B（节奏布鲁斯）和rap（说唱）的曲风，讲了一个江湖过客在千里之外惦记家乡的娘子，同时想象娘子守望自己的故事。

我们看一下歌词：

> 一壶好酒再来一碗热粥
>
> 配上几斤牛肉
>
> 我说店小二
>
> 三两银够不够
>
> 景色入秋
>
> 漫天黄沙掠过
>
> 塞北的客栈人多
>
> 牧草有没有
>
> 我的马儿有些瘦
>
> ……
>
> 娘子却依旧每日折一枝杨柳
>
> 在小村外的溪边河口默默等着我

歌词其实非常简单，就是一个在塞北客栈歇脚的孤身过客，想起了远在江南的故乡和爱人。这首歌的中国经典内核是乡愁。

从小到大，你在古诗词和史书中读到过大量背井离乡的故事，有从军戍边的，有闯荡江湖的，有赴京赶考的，也有失意流放的……在一个身不由己的大时代里，有一个人在远方默默地惦记、等待着自己，像是一盏亮在心里的灯。这么古典的离别恨，却被周杰伦用 R&B 的曲风唱出来，这就像是用全新的表达方式写了一首古老的边塞情诗。

这些国魂潮形的产品，不是在把中国元素当成点缀和手段使用，而是在认真探讨：国潮产品，有没有办法逃离同质化，争取到更深层的人心，从而获得更长久的生命力。

为什么与国形潮魂相比，国魂潮形有希望获得更长久的生命力呢？我们还是要回到国潮这两个字上。国潮＝中国经典＋新派潮流。潮流之所以能够成为潮流，就是因为它在不断地轮换，不断地推陈出新。国形潮魂是把潮流当作产品内核，那产品的生命周期很可能就等于潮流的周期。而经典则是穿越周期，被时间留下来的东西，它更稳定，也更适合用来当作内核，这正是国魂潮形的做法。

国魂潮魂

那么，还有第四种模型——国魂潮魂吗？我认为会有。但可能要出现在未来的数字资产和服务业态里了，因为这种模型已经忽略了"形"的存在，不再是实体产品。放在产品价值等式里理解，国魂潮魂探索的是情感价值和意义价值，可以归到"资产价值"的范畴里，因此这里不做讨论。

案例

小红书——当代生活工具书[1]

国与潮，也就是经典与潮流，是最容易给消费者创造情绪资源、构建情感认同的两大方向。品牌要做人设、做个性，丰满自己的第二故事线，从这两个角度入手寻找素材，本益比相对较高。

今天在哪里比较容易找到国潮灵感呢？一个很现成的集散地，是生活方式社区小红书。这是一块非常容易找到"国"与"潮"两类内容雏形的网络土壤。

在近几年的中国市场上，小红书可以说是新消费品牌最青睐的商业种草社区。它在江湖上有一个外号——"国民种草机"。小红书的消费成长业务总经理熙官说过一句话："品牌在小红书上胜利的唯一原因就是内容。"

内容重要到什么程度呢？小红书内部有一个模型，用来评估品牌在小红书的种草成功率。这个模型发现，

---

1 参见得到App课程《蔡钰·商业参考2》关于小红书的216、217、218、219、220讲。

如果品牌有一条笔记对用户种草成功，用户就会把评论也当作内容仔细阅读。一旦产生了下拉阅读评论这个动作，接下来用户就会有很高的概率去主动搜索品牌。

主动搜索这个行为意味着什么？意味着用户期望看到品牌的第二故事线。作为一个潜在消费者，他想要认识和了解这个品牌，确认它值得自己信任。

因此，理解小红书这个社区的特质，理解用户与社区、用户与用户之间的关系，有助于品牌更好地应对事关消费的那部分时代情绪。

为了帮你更好地在小红书感受国潮灵感，我们有必要讨论小红书这个社区的生成机制，以及它的某些关键特质。

团队"失控"的作品

《连线》杂志的创始主编凯文·凯利在《失控》一书里说，一个进化体在它的进化长河里，绝大部分时间都是远离中心的，不受中枢和领袖的掌控。但恰恰是这种失控于中枢的进化方式，更容易进化出让人拍案叫绝的精妙结构。无论是从无机物进化成有机物，还是从简单生物进化成复杂生物，都是如此。

引述《失控》这个观点，是因为它跟小红书的生长有某种暗合。小红书从2013年诞生，到现在成为中国最大的生活方式分享平台，以及新消费品牌心目中的种草胜地，它的发育过程颇有一些"失控"的味道。

小红书最早只是一组PDF文档，名叫《小红书出境购物攻略》——就是一份入门级海淘攻略，比如《泰国小红书》《美国小红书》《日本小红书》等，主要是告诉国人在境外的热门旅游目的地什么值得买、怎么买、怎么退税和打折。这组攻略踩着2013年国庆这个旅游节点发出来，发布不到一个月，下载量就超过了50万次。

为什么它会这么火？

因为跨境海淘的需求，当时在北上广深这样的一线城市已经很旺盛了。但供给端就连天猫国际都还没有出现，大家跨境海淘主要靠人肉出国购买。你到海外旅游、出差或者留学，都会身负海淘的任务，小到买个护肤品、保健品，大到买个游戏机、iPhone，不但给自己囤，也会经常接到同学和朋友的委托。

而小红书，第一次把琳琅满目的海外商品，以一种中国需求作为秩序，呈现在中国消费者面前。它抓住的第一批用户是一线城市的精致女性。她们不光爱旅行，还爱购物。小红书最早那组PDF其实就是一套旅行购物工具书，它的slogan就叫"把旅行装进你的购物袋"。

这组PDF火了之后，小红书的创始人毛文超和瞿芳马上意识到，海淘爱好者卧虎藏龙，不但有强烈的求知欲，还有强烈的分享欲，买完东西转手就想教别人怎么买。而这种诉求，PDF文件根本没法承载。

怎么办？干脆做UGC社区，也就是用户生成内容的社区，创造即时、双向的沟通机制，让海淘爱好者们自己互动起来，给彼此种草。

于是，团队又赶在2013年的圣诞节，上线了初始版本的App，把小红书从工具书变成了海淘攻略共创社区。时间有限，所以他们起初只做了"小红书香港购物指南"App。

这个需求和时间节点都拿捏得太好了，所以小红书的App一发布就迎来了用户的爆发式增长——上线一年，用户数量就超过了1500万人。

"种草"这个词本来出自天涯社区，但到了这里，却成了小红书的身份标签。小红书还在社区里增加了很多鼓励分享的功能，比如有能力分享内容的用户可以得到积分奖励，取得不同的身份等级。除此之外，为了鼓励分享、强调"好物"这个概念，小红书还围绕图片美化做了很多改进，比如增加了滤镜功能、贴纸功能、自制表情等。这种引导，给小红书奠定了非常关键的社区调性：互助以追求美好。

转头到了2014年，团队又意识到了一个用户痛点：消费者确实爱把小红书当作决策参考平台，但看中什么东西以后，买起来还是不方便，要么得等自己或朋友出国，要么得上淘宝去跟真真假假的代购博弈。

怎么办？小红书进入了第二个发展阶段：从UGC社区扩展到电商业务。2014年，小红书推出了"福利社"这个频道，来卖那些在社区里人气很高的海淘商品。

到了这时，小红书就变成社区电商平台了。它的slogan也改了，变成了"找到国外的好东西"，业务范围从内容种草扩展到了电商拔草。

这个阶段，小红书的商业重心仍然是把海外的好东西搬回境内，所以它从海外借鉴了很多营销经验。比如，日本有一个美容化妆品排行榜叫"cosme美容大赏"，小红书就学着做了自己的"全球大赏"产品榜单；美国有黑色星期五促销，小红书也学着做了自己的"红色星期五"。它这两个标志性的活动，正好一个对应了它的社区内容，另一个对应了它的电商业务。

没过多久，小红书的slogan又改了："全世界的好东西。"它还引进了第三方品牌，来丰富平台的产品品类和SKU（单品）。

但在当时，小红书虽然有了社区＋电商的模式闭环，这两条腿的发育却不太均衡。直接原因是，电商这个赛道竞争太激烈了。

小红书2014年开始做跨境电商，这一年阿里巴巴做了天猫国际，网易做了考拉海购，之后京东上线了京东全球购，连苏宁都推出了苏宁海外购。

为什么各大玩家集中在2014年前后上线跨境电商业务呢？因为在这一年，"跨境电子商务"这个词第一次出现在中国政府工作报告当中，成了风口。

相比这些对手，小红书做电商的SKU、供应链和售后能力都没有优势。它的用户养成的习惯也是在小红书种草，到其他平台拔草，也就是来小红书看好物攻略，再到其他平台下单。小红书当时试着在 App 上强化了一些电商功能，还引发过用户的情绪反弹。

所以到了 2016 年，小红书又改主意了，决定再次转型：弱化电商，重仓社交。

正因如此，小红书又改了一次 slogan，从"全世界的好东西"改成了"全世界的好生活"，这等于把小红书社区的内容重心从种草各种商品转向了种草各种各样的生活方式。

2017 年，小红书的用户量接近 7000 万。创始人瞿芳在接受亿欧网采访时说：小红书不是电商，而是一个游乐场。大家到小红书是来逛和玩的，看到自己想买的东西可以买，但不是为了买东西而来。

既然要当游乐场，小红书就开始拉升社区内容的精彩程度。它从 2018 年开始赞助《偶像练习生》《创造 101》这类选秀综艺，还大力邀约明星和流量选手入驻，请他们分享自己的消费和生活。从这一年起，中国的精致女性突然发现，在这个社区里，竟然可以看到景甜教自己洗脸、戚薇教自己化妆，她们就像身边的姐妹一样，手把手教自己怎样变美。而顶流的偶像练习生们也频频在这里跟用户互动。确实精彩，小红书的社交性就这样做起来了。

2018年，小红书的slogan又改了一次，从"全世界的好生活"改成了"标记我的生活"。强调"标记"就是在强调小红书的生活标签，那"我的生活"跟"好生活"有什么区别？区别是把聚光灯射向了普罗大众。从这个slogan开始，小红书把内容重心放到了普通用户身上。

在这个价值观之下，商品仍然可以呈现，但它不再是炫耀式消费的目的，而是展现生活方式的工具。

"标记我的生活"这个slogan，小红书用了5年。到了2022年年初，小红书虽然没有再一次改slogan，却借着春节的热闹劲儿喊出了一句新口号：2亿人的生活经验，都在小红书。

这句话相当于小红书在告诉市场，别把我当新、奇、趣的国民种草机了，把我当成更日常、更实用的当代生活工具书吧。

这个转型成功了吗？成功了。在小红书喊话的同时，已经有2亿人在把小红书当作生活工具书使用。这2亿人打开小红书，不单单是像10年前、5年前那样为了看怎么买海外化妆品、怎么变漂亮，还关心装修怎么省钱、露营装备怎么配置、花粉过敏怎么防治、生孩子怎么准备，等等。

"2亿人的生活经验"这句话，并不是在告诉大众小红书要成为什么，而是在告诉大众小红书已经成为什么。它已经成为2亿人的生活百科这件事，是它的用户和官方社区共同推动的。这是我说它有点"失控"的原因。

更重要的是，在这个过程中，它的"国民种草机"价值似乎也没有怎么减损。它的社区用户很多时候虽然明知道博主和品牌是在进行商业种草，却并不戒备，而是怀着平常心，像对待普通笔记一样对待那些来种草的营销笔记。

这种奇特又友好的氛围是怎么出现的呢？我绝对不是想说品牌在小红书上的营销策略足够高明。我的看法是，在过去近10年里，小红书的内容社区沉淀出了一套特别的气场和价值观，这让消费品的营销动作在社区里能够得到高出一般水平的接纳和认可。

而这套气场和价值观有一部分来自小红书团队的

不断试错和逐渐摸索。但换个角度看，它更多地来自无数用户个体的自由演化，这是边缘力量相对于中心意志的失控，也是边缘力量带给整个系统的价值。

怎么在小红书做大做强

商业意义上，小红书在过去几年里展现出的迷人之处主要体现为两点：

第一，它作为一个UGC社区，用户增长迅猛，活跃度高，商业价值也高。

2017年，小红书用户7000万人，2018年9000万人，2019年就到了3亿人。到了2022年，小红书已经不提用户量了，因为光是月活用户就超过了2亿人，它的社区里真正在分享笔记的创作者也超过了5000万人。

而这个爆炸式增长还是在其他互联网公司增速放缓、降本裁员的同时发生的。

在小红书的社区里，女性用户占比超过70%，19—35岁用户占80%。这些用户又分成两大类：第一类，有消费欲望，有消费审美，并且热衷分享的；第二类，有消费欲望，不太有消费审美，但是开放好学的。

这两大类的共性是，都是强消费人群。

第二，它在中国互联网社区里，拥有独一无二的种草功能。

最典型的例子是前两年崛起的国潮品牌完美日记。完美日记2017年7月先在天猫开店，一开始销量平平。到了2018年2月，完美日记决定重点投放和运营小红书，于是它的线上销量开始快速增加，2018年营收达到了6.35亿元，2019年又突破了30亿元。

在完美日记之后，各种各样的新消费品牌，做零食的、做小家电的、做宠物医疗的、做扫地机器人的，等等，也都有过借小红书的种草能力破圈的成功案例。

完美日记的操盘公司逸仙电商在招股书里说，截至2020年9月30日，完美日记合作过的网红超过1.5万名，其中有800多名是粉丝数量破百万的博主。这句话也可以反过来理解，这意味着，1.5万人里，有接近14200人是粉丝数量在10万量级或者10万量级以下的腰部达人和素人博主。

恰恰就是这批海量素人博主的轮番推荐、交相辉映，在小红书这个中国最大的生活方式分享社区里，给完美日记堆出了一种人人在用的国民气场。

所以，前面提到的这两个小红书的迷人之处，刚好能够互相加持：

消费创业公司看到的是完美日记的成功路径。创业者会想，借助中国的供应链和小红书这类社区的营销红利，自己也能做出下一个完美日记。

普通用户看到的是潮流先锋社区。在小红书，普通人能够先人一步站到消费升级的潮头，从消费意义上感受美好生活。

用户当中有内容创作能力的那一群，还会在普通用户的基础上多想一步：原来在小红书，普通人也有机会接到品牌投放，吃到新消费风潮的红利。

这样一来，消费品牌和大众用户都在更加积极地涌进小红书。过去两年，这让小红书显得更加迷人。迷人的同时，大家又对它存在着困惑：怎么在小红书做营销会红？怎么在小红书做网红账号会红？

团队的"出厂设置"

为了解决大家的困惑，我们先来看看小红书的创始团队对社区做了哪些关键的"出厂设置"。

我印象最深的是这么几个:

第一,把社区内所有的分享内容,不论是图文还是短视频,都统一定义成"笔记"。

叫笔记有什么意义呢?最大的意义是降低门槛,鼓励内容的个体价值和实用价值。

你可以想想,笔记和论文、文章有什么区别?论文和文章是信息的成果定型,而笔记是信息的过程记录。笔记可以潦草、不完善、个人化,还不怕跟别人撞题。你想每天发卡通简笔画的练习,不影响我每天发同样题材的笔记。

所以,把内容定义为笔记,就传递了这样一种社区价值观:个体性和实用性比深思熟虑重要,比独家性重要,也比完美公正重要。

第二,把社区主调从最初的"好物"调整为"追求美好"。

前面说过,小红书App上线之初,围绕图片美化做了很多改进,想办法帮你把照片变得更漂亮。

这些官方提供的功能蕴含了另外一种社区价值观:爱美之心很重要,社区鼓励你追求美。

第三，鼓励分享。

小红书一开始就在社区里设置了很多鼓励分享的功能，博主们分享得越多，得到的点赞和收藏越多，奖励积分就会越多，身份等级也会越高。

小红书笔记评论框里的引导语是这样的："喜欢就发个评论，支持一下。"你看，这是鼓励用户发喜欢和支持类的评论，来保护博主们的分享积极性。这有什么意义呢？这传递了另外一种价值观：利他很重要。

分享对别人有用的笔记，利他；发支持型的评论，利他。

这三条出厂设置，我认为可以算是小红书创始团队给社区设定的"初始世界观"。

小红书的关键特质

世界观有了，那社区的用户群体是谁呢？

我推荐你去看看小红书上的这样几个账号。

第一个，演员张雨绮。张雨绮会在小红书上给自己的新戏做推广，也会发笔记分享自己的日常生活、日常消费，比如怎么居家健身、怎么洗脸、怎么挑钻戒、怎么选包包。她的分享笔记，常规点赞数在几千这个量级。

在这些内容的基础上，她也会跟其他博主一样接广告，比如美容仪、燕窝等产品的广告。她发的广告视频的点赞数量会明显低于那些生活经验视频。

第二个，清醒盐大粒。这是一个二胎妈妈。她的笔记重心是以上小学的女儿为样本，分享生活，讲教育方法。什么考试前夜怎么辅导孩子，怎么用好草稿纸，周末怎么陪娃玩，孩子的腺样体肥大到底该不该做手术，老大吃老二的醋不肯自己睡怎么办，等等。中间穿插着卖羊绒衫、辅导书的笔记。

清醒盐大粒的视频主线基本上就是她自己的生活轨迹，生活里发生什么，她就聊什么，只不过都会冠上一个清醒思考、清醒看待的帽子。她的视频点赞数大概在几百这个量级。

第三个，香港伈伈。这是一个嫁到香港去的广西姑娘。

伈伈在小红书上的笔记基本上都是视频，主要是记录自己的日常生活，比如跟老公、婆婆、儿子和菲佣插科打诨、吃海底捞、看演唱会、追热播剧……很难说她的视频有什么主线，但你会觉得她一家人都鬼马可爱。俅俅的粉丝量比不上清醒盐大粒，更比不上张雨绮，但她的视频点赞数基本上都在大几千，比前两位都要高。

第四个，牛油果。这也是一个二胎妈妈。牛油果生完孩子之后头发掉得厉害，于是就在小红书上打卡，每天发梳头按摩的笔记视频。

牛油果每条视频的点赞数大概都在十位数量级，留言和收藏量更少，大都是个位数，但这完全不影响她分享的热情。她的一条视频下面有人问她：每天晚上梳头掉二十根左右头发正常吗？一看就知道，这是一个梳头战友。牛油果本人还没来得及回答这个问题，另一个叫"谭木匠郑州店"的账号就抢答了："小仙女，可以考虑我们谭木匠的某某款梳子哦。"

我为什么推荐你看这几个账号呢？因为把它们摆在一起，正好能够反映小红书作为内容社区的很多关键特质：

不是粉丝数量越多，内容就一定越受欢迎。

不是只有有用的内容才受欢迎。

不是只有分享顶配生活才受欢迎，最顶配的生活和最平凡的生活都有各自的人气。连貌似没什么人看的普通人梳头视频，都会有商家在评论里蹲守转化的机会。

顶配仙女们展示瑕疵和明确的好恶，不但不会丢分，反而更能够得到用户认同。

社区并不只鼓励单一特征的人设，比如学妈、虎爸、美妆博主、英语狂人，也支持创作者回归到一个完整的人的角色，去展示自己真实且复杂的生活面向。

总结下来，大致可以归结成这么几个关键词：变美的正义性、姐妹逻辑、偶像降维、个体经验。

变美的正义性

"正义性"跟"正当性"不一样。我们说一件事正当，指的是它合理。而我们说一件事正义，指的是它不但合理，而且值得推崇。

"变美的正义性"跟"美的正义性"也不一样。美的正义性，指的是你长得好看你就说得都对——一首歌被大美人推荐，好像就好听了30%。而变美的正义性，指的是为了变美而努力的过程值得肯定和推崇。

小红书创始团队引导用户分享可以变美的海淘商品，推出滤镜、表情贴纸等功能来鼓励用户美化图片，都是在告诉社区：变美是正义的。

所以小红书上一直有一类视频非常有标志性：美妆教程。像莓小莓、超级蓝蓝、鲜鲜超鲜这几个博主，你都可以去看一看，她们的化妆技术堪称"换头技术"，能让你叹为观止。

这些美妆博主的崛起，代表了社会价值观的一种变化。在"70后""80后"年轻的时候，社会推崇的是林青霞、张柏芝那种天生丽质的美。普通女生即使化个妆，也很讲求裸妆感，也就是化了就像没化。

而到了小红书上，普通人追求美、为了变美而努力，变成了正义的，不再需要遮掩。这种价值观，否定了"天生丽质"的人对审美的垄断，也否定了轻轻松松的成功。这一下，直接击中了全世界99.9%的普通男女。

我见过一条笔记，对它的标题印象深刻——"姐妹们答应我一定要学化妆，化完世界都善良了"。

　　你看，这可是一个洞察。这个标题是在说：想要变美不是追求虚荣，而是为了调低在人间的生存难度。努力变美，跟考公、考研、考雅思难道意义不是类似的吗？

　　这个价值观的轮换，会带来哪些商业机会呢？变美可以通过消费、运动、整理生活来实现吧？除了化妆、护肤、刷酸、轻医美也可以跟上吧？相关的营销机会就出现了。

姐妹逻辑

　　哪怕你不是小红书的用户，现在打开它，刷上10分钟，你也能够马上感觉到它是全网杠精浓度最低的社区之一。小红书里基本不存在冲突、撕裂，友爱才是它的主调。

　　这种特质很有趣。按说一个网络社区，只要用户达到一定规模，就一定会分化出不同的圈层，有圈层难免就会有分歧和撕裂。

　　小红书当然也有圈层，像考研的和学跳舞的肯定不是一群人。但是在小红书里，不同圈层的身份差序都可以被简化成同一种关系——姐妹。

看到"姐妹"两个字，你肯定明白我指的是怎样一种关系：年纪相仿、能共情、愿意互助的女性。

在小红书的任意一条笔记里，你都可能看到这样的留言："姐妹，台下洗手盆什么牌子的""姐妹看过这本书吗""是的姐妹，你好懂""姐姐，求出教程"……

这种称谓背后的对话双方互相认识吗？大概率不认识。他们的年龄跨度甚至可能达到二三十岁，被叫姐妹的用户甚至可能是男性。

陌生用户为什么喜欢互称姐妹？因为这个社区的起源就是一群爱美的小姐妹互相分享海淘攻略。社区沿着这个基调生长，聚合了越来越多目标和价值观相似、消费趣味也接近的女性。在一个女性浓度高达70%的社区里，"姐妹"二字最能够概括这种用户情谊。

所以，姐妹这种关系，放在传统社会里本来是要经历时间沉淀和生活考验的，而放在小红书社区里，就被泛化成了一种默认的用户关系。

把"姐妹逻辑"的价值主张推到最底层的话，其实是人性本善：先默认世界是共同体，默认所有人都是自己人，对方做了对不起自己的事，再把他划拉进黑名单。而不是反过来：先默认世界是丛林，默认所有人都是对手、敌人，对方得先做对了什么事，才配进入我的白名单。

借用费孝通老先生提出的"差序格局"的概念，互联网用户互称姐妹，是把用户关系格局从利益、兴趣导向的团体格局，转化成了以亲疏远近为主轴的差序格局。先看亲疏，再看利益。

在姐妹逻辑的小红书社区里，用户之间的友善度远远高于其他社区和平台，因为大家都默认其他用户是"陌生的自己人"。

小红书的朋友跟我提到过一个观察：社区里的女性用户，非常乐于在评论里表达赞美和感谢。她们不但会赞美和感谢笔记创作者，也会非常高频地赞美和感谢其他评论者。在赞美这件事上，女性是非常慷慨的，非常愿意从不完美里面看到闪光点。这种慷慨并不是出于功利的目的，但客观上却极大地带动了用户的分享积极性。

举个例子。小红书上有一个博主叫"一支钥匙"，平时把小红书当朋友圈用，记录工作和生活的感悟，粉丝也不多。但她有一条笔记，写的是自己跟认识19年的好朋友决裂的缘由和心情，获得了1.2万点赞，有4000多个用户在评论里安慰她，分享自己的类似故事来让她宽心。这类互动不是个案，在小红书上极其常见。

那么，这样的姐妹逻辑对商业化有什么影响呢？

在姐妹逻辑之下，互相推荐产品，推荐消费思路，会被用户认为是互助的一种形式，是在用个人经验和体验来帮他人优化生活。

于是，小红书里的营销博主和来种草的消费品牌们也会受益于这种姐妹逻辑，就算发的是品牌广告，评论也大多会积极友好，转化率会很高。

偶像降维

你有没有发现，小红书有一个不合常理之处：它现在已经是月活2亿、活跃创作者超过5000万人的大众社区了，但粉丝数量超过1000万的博主仍极为罕见。

很少能够看到小红书像抖音那样，用导流的手段，捧出类似张同学、东方甄选这样的网红博主。小红书在发现页推荐的笔记，很多来自几千粉丝甚至几百粉丝的素人博主。只要内容对味，谁都有机会被算法推荐，被品牌相中并投放广告。

同时，即便是自带粉丝的大明星和真正的顶配"仙女"，进了小红书社区，也会刻意经营普通姐妹这种人设。

在小红书，粉丝数量似乎没那么重要，博主和平台方都没有那么大的兴趣去封神、造神。

所以，在姐妹逻辑的前提之下，小红书呈现的另外一种特质就是"偶像降维"。它指的是在小红书社区，宣扬和展示美好生活的博主都会有一种相似的驱动力，让自己尽量不要显得完美，要从高不可攀降维到够得着的过来人姐妹。

为什么会演化出这样的现象呢？我试着从两个角度来回答。

第一，从信息获取者的角度看，偶像能够提供的信息量，跟普通人权重差不了多少。偶像再完美也只能展示一种生活，而大众想要的美好生活是没有标准答案的。所以，在一个生活方式社区里，不需要一呼百应的万众偶像。

第二，榜样和偶像可以激励普通人上进，这个逻辑在人们为了变美而努力时确实有效。但要是对标的榜样跟自己差距太大，反而会打消人们的斗志。

就好比我在学物理时，要是对标爱因斯坦，立志研究出另一套相对论，那最多撑3秒我就会放弃。

反过来，要是爱因斯坦在跟我分享物理时，讲的不是他的研究思路，而是他用哪种计算器、哪种草稿纸，再跟我抱怨一下他的新眼镜不舒服，想要换一副，这就实现了"偶像降维"，让我这样的普通人觉得偶像的生活触手可及。

类似的逻辑，我们在小红书的达人身上也能看到。

我们仍然拿张雨绮来举例。

张雨绮在微博上有1300多万粉丝，而在小红书上的粉丝数量是300多万。但张雨绮在小红书上比在微博上更真实。她的微博内容基本上都是工作花絮和精修的美图，而且仅半年可见；但在她的小红书账号上，我们却能够看到她卸妆洗脸，做平板支撑，学着做水果干，吐槽胶原蛋白保健品，并且感受到她看自己负面新闻时的不爽心情。

　　再比如郭晶晶，已经退役的世界跳水冠军，她也经常在小红书打卡运动。评论里有很多人跟她念叨说，我今早也上山运动了；或者，我今天没空跑步，得带婆婆去看病。

　　我们可以看到，张雨绮和郭晶晶分享的这些内容，都带有强烈的"够得着"色彩。张雨绮要是讲自己每年百万元级别的保养预算怎么分配，郭晶晶要是讲造价上亿元的豪宅怎么装修，虽然也是她们的真实生活，但跟普通人差距就太大了，只能当八卦看。

　　而张雨绮去讲卸妆、洗脸用什么手法，郭晶晶天天展示跑步5公里，这就实现了偶像降维，给大众提供了够得着的生活示范。甚至普通大众还能借着她们的话茬给她们反向输出，比如有人教张雨绮买什么锅做水果干更好吃，还有人提醒郭晶晶不要随便暴露跑步路线。

　　明星们乐于进行这种社会身份的降维。因为在一个双向共情和互助的社区里分享消费和生活经验，不会被抬杠，不会被仇富，还真的能够帮到想要变美的普通人。普通用户也会觉得，"仙女们这些努力我也能做到嘛，我甚至有时候还能教仙女们一点东西"。

同理，那些不是明星的天生大美女们，在小红书上当博主也不太会去教别人化妆和穿搭。因为普通人会想："你长得好看，当然随便刷两下、随便穿件什么都好看，对我没有参考意义。"所以大美女们更愿意选其他的题材，比如跳舞、运动、旅游、分享心情，甚至搞笑，来拉近跟普通用户的距离。

反倒是长相普通的博主教人化妆，或者身材不那么好的博主教人穿搭，才会收获高点赞、高收藏。因为在大众看来，她们跟自己差距不大，有参考意义，她们的方法对自己来说也更实用。

把个体经验做成内容产品

小红书社区的第四个特质是：让普通人的个体经验成为社区的内容重心。

这种个体经验又分两类：一类叫过来人的生活策略，另一类叫生活展开。

先来看过来人的生活策略。这几年小红书在用户急速增长的同时，社区调性也在发生很有意思的变化：从"美人大赏平台"变成了"生活维基百科"。像装修、辅导作业、湿疹和花粉过敏、备战考研、周末去哪儿玩，甚至电闸跳了老合不上怎么办、辞职怎么跟老板提、离婚要注意什么……这些生活向的问题，你都能在上面找到过来人的指点。

难道百度、知乎和微信公众号里没有这些问题的答案吗？凭什么小红书还能再一次抓到机会呢？区别在于，前面说的这些平台，提供的更多是抽象原则和大众榜单。比如说选一个睡袋，知乎答主们恨不得从中国上一轮产业升级和纺织行业的原理讲起，这对求知者的素养和耐心要求太高了。天猫和京东倒是会有畅销榜单，可榜单只说明民心所向，并不回应个性化需求。

但换到小红书上，你要是想了解一个问题，可以搜到大量现成的过来人经验。比如，搜"穷装"，也就是贫穷装修，你心里的预算可能是5万块钱，也可能是15万块钱；你可能是想找装修队，也可能是想自己动手；你可能是要装60平方米的房子，也可能是要装120平方米的房子；你可能是想装修成原木风，也可能是想装修成复古风。无论你有什么样的预期，都能够找到大量的相关笔记。而且这些笔记还不是纸上谈兵，都是过来人亲自试过、验过的。用中医的黑话说，这些都是"验方"。

这些过来人的经验是知识吗？当然是。只不过跟抽象原则和大众榜单相比，它们没有剖析原理，没有大局观，也没有足够的样本数据。但它们每一条本身都是一个生活样本，是各种各样的过来人在各种各样的具象场景里的真实生活经验。

中国过去几十年处在极速的变化里，涌现了大量全新的生活场景，这就导致长辈这种过来人的生活经验没法复用。空气开关跳闸和传统开关跳闸不是一回事，"10后"的二胎上了小学拿到的语文课本，跟大他5岁的姐姐拿到的也不是一回事。你小时候妈妈能够带你去泡温泉，但是今天想要玩剧本杀，就必须你带妈妈去了。

面对世界，我们得单打独斗，上哪儿去找同时代的生活经验呢？答案就是，去问同时代的陌生过来人。陌生也没关系，因为在姐妹逻辑下，陌生人也是陌生的自己人。

"过来人的生活策略"不光有需求，也完全不用愁供给。

　　这种内容不追求严谨性和通用性，分享即创作，门槛极低，整个互联网就有巨大的 UGC 产能。同时，在社区里，这种分享又能给创作者带来明确的身份认同和变现机会，这又会让更多人产生分享的冲动。

　　再来看生活展开，也就是记录生活本身，或者描述自己的体验和感受。

　　你还记得前面讲过的清醒盐大粒和香港俅俅这两位博主吗？她俩就很有代表性。

　　虽然清醒盐大粒做的是亲子教育经验分享，但她完全不是按用户场景来走的。

　　你要是讲亲子教育，按照用户思维，那得做用户画像，把用户生命周期的关键节点拎出来分别服务吧？语文、数学、英语、体育，你都应该分头讲讲吧？开学、期中考试、期末考试这几个关键节点，你也都得聊聊吧？

　　但清醒盐大粒不这么干。她的孩子升三年级，她就讲自己怎么给三年级孩子做心理辅导；孩子要做手术，她就讲自己为什么决定让孩子做手术，以及孩子做完手术之后的变化；她生了二胎，老大吃醋，她又讲自己某一天晚上怎么处理老大不肯自己睡觉的问题。她完全是先考虑自己的生活脉络，再兼顾对别人的实用性。

香港俅俅的笔记则更加没有体系：儿子怎么吐槽她，老公怎么吐槽她，她怎么对热播剧上头，她怎么用中式英语跟菲佣聊天，等等。嘻嘻哈哈，记得不亦乐乎。

这类记录私人生活、表达个人感受的笔记，对别人其实几乎没有实用性，为什么也能有自己的稳定受众，也能够接到品牌广告投放，或者找到自己的商业模式呢？

这是因为，生活展开作为一种内容产品，虽然没有那么强的知识性，却提供了情绪价值。

有的情绪价值是对积极情绪的捕捉。博主们记录生活里的精彩瞬间，嬉笑喧闹，这就类似于创作UGC版本的"微综艺"，把自己的生活讲成好玩的故事。

还有的情绪价值是对消极情绪的安放。小红书的姐妹逻辑允许强者示弱，也允许弱者在虚弱的处境里待一待。这些故事和感受只要摆在那里，本身对遭遇相似的人就已经是一种鼓励和安慰了。因为在真实生活里，人们想从别人的生活经历当中获取的不仅仅是经验，还有安慰和共鸣。博主们把自己不那么积极的生活和心情也展示在社区里，能够让创作者和观看者实现共情。

共情放在姐妹逻辑里面，也是一种极为重要的互助。它所传递的信号是：我相信你，你懂我，同样的遭遇我不是一个人在面对，同样的心情你表达得比我还好，我们能设身处地感受对方。

按照姐妹逻辑，给了别人情绪支持的博主们也不会太损耗自己的情绪资源，因为她们能从受众那里得到反向的鼓励和安慰。

这种交互过程，就变成了一种正和游戏，这又让整个社区的黏性和友好度得以拉升，进一步实现用户关系的沉淀。

关于小红书的讨论进展到这里，其实可以回扣到第三章的一个命题：情境驿站。作为一个承载了上亿用户情绪需求的内容空间产品，小红书也隐约展现了我们下一章要讨论的另一个命题：大型共享情境资料库。请你记着这个词，我们往下走。

第五章

情感结构

讲完双故事线以后，你可能会问，第一故事线得先到位，第二故事线才有机会生长，对吗？

还真不一定。我们说，产品价值＝功能价值＋情绪价值＋资产价值。而在某些消费场景里，消费者不愿绕弯子了，想跳过功能价值，直接消费把情绪作为内核的产品。

举个例子。同样一首歌，你在日晒雨淋的音乐节上听，音质明显比不上用耳机听QQ音乐。但是大几百块钱的音乐节门票你会斩钉截铁地去抢，18块钱的QQ音乐月度会员你却要犹豫好几次才开。你为什么愿意给音乐节支付溢价？因为你买的是音乐节现场的氛围和情绪。

再举个例子。这几年，都市青年群体中流行起了一种创意旅游——"城市行走"或"城市漫游"，就是雇一个本地居民，带着自己在都市里漫步。同一座苏州城，王富贵和刘秋香分别带你逛一天，带给你的感受会完全不同。

这种城市行走服务跟传统导游服务的区别在哪里？就是借助王富贵和刘秋香的个体生活经验，把可观的景点变成了可感的情境。

这类业态有点像一群具有情绪多样性的教主。它们的商业模式是，在第二故事线中，借助消费者对品牌的共情，来向消费者售卖情绪新世界。这类产品都有什么呢？体育赛事、游戏、盲盒、宠物，都算。它们需要梳理第一故事线吗？不需要。

所以接下来让我带你看看，怎么用不同的思路，把情绪和情感直接做成产品。

在介绍具体思路之前，你需要重新理解一个耳熟能详的关系代词：我们。

一、"我们"的共同体

"我们"这个词，所有人在童年时期就已经掌握了其含义和用法，它就是在指代共同体，有什么好讲的？

还真有。重新理解"我们"这个词，就是在重新理解产品、品牌和消费者的关系结构。

在今天，品牌想要成为情绪教主，主打"我最强悍"是没用的，更多要靠构建情感共同体的能力。翻译成大白话，就是得让消费者在情感上把你当成自己人，肯向你打开自己，迎接你所提供的情绪和情境。

而"我们"这个词，正好就蕴含着自己人关系的构建原理："我们"这种共同体，是由两层关系结构组织而成的。第一层叫"你和我"，第二层叫"我们和他们"。在这两层关系结构里，成员的心思是不一样的。

先解释第一层关系，"你和我"，这是共同体的内在结构。

人都要通过分类和比较来认识世界。也就是说，有分别心是人的本能。哪怕刘秋香和王富贵是好朋友，刘秋香仍然会下意识地拿自己和王富贵进行分类和比较：他是做美食的，我是做美工的；他总能看穿问题，我总得找他求助。

在分类和比较过程中感受到任何不适，都会激活刘秋香的分别心。什么是分别心？就是"你是你，我是我"，就是防御之心，它的能量会解构共同体。

那怎么能减少分别心对共同体的损毁呢？或者说，怎么让"你"对"我"卸防呢？思路有两个：一个是模糊身位的差距，另一个是增加价值的牵连。

模糊身位差距

所谓的模糊身位差距，就是让消费者觉得品牌和自己水平差异不大。这个动作，更多的时候是从品牌的角度入手，一个常见的策略是制造塑料感——也就是廉价的、普通的感觉。

比如，小米的创始人雷军已经是互联网教父级别的人物了，但他非常乐见自己那句塑料口音的"Are you OK"（你们好吗）被网友们玩成魔性的流行梗。雷军甚至还推动小米去申请了"RUOK"系列商标，把它印在小米手机的外壳上。

再比如，2021年走红的抖音网红张同学，明明拥有非常专业的视频创作功底，却选择去拍平凡、简朴的农村生活。张同学的玩法，今天在抖音、快手、小红书的主播当中已经流行开了。

就连中国科学院，在抖音举办2023年跨年科学演讲时，也就是邀请诺贝尔奖得主、月球探测器的设计者来讲硬核科学知识的那种硬核演讲，都要发布一张电线杆小广告风格的营销海报。这张海报跟中科院的调性反差实在太大了，你可以上网去搜搜看。

为什么这些实力玩家愿意用塑料感去模糊自己的权威性呢？因为模糊权威性就是在模糊身位差距，让受众觉得他跟你的差别没那么大，可以跟你算自己人。

品牌如果不想牺牲权威性，那还能不能让消费者消除分别心呢？也有办法，品牌如果自己不想下凡，可以邀请消费者上天。

罗永浩老师就是采取这种策略的典型代表。从新东方时代到锤子手机时代，再到直播带货、当脱口秀领笑员，他都保持了一以贯之的"天生骄傲"的个性。按理说面对骄傲和挑剔的人，人们是很容易生出防御之心的，但罗永浩有一个妙招——他能够提供来自挑剔者的赏识，用这种赏识来拔高受众的站位："我天生骄傲，而你懂我的骄傲，所以你值得被我赏识。"

我们前面讲过的耐克也采取了类似的思路。在耐克的叙事里，刘翔面对失败的态度展现了伟大的体育精神。回浦中学的高中生虽然是平凡少年，但体现了平凡人为伟大志向而做的努力，所以也值得敬重和记录。耐克并不愿意做平价品牌，但它通过对平凡人的价值进行拔高，也能够让平凡人觉得它是自己人。

所以，权威者制造塑料感，挑剔者给出赏识，都能模糊自己跟普通人的身位差距，消除普通人的分别心。

增加价值牵连

在"你和我"这种关系结构中，还有另一种分别心：一个人如果被过度善待，就会产生一种天然的警觉。被善待者很容易把对方过剩的善意解读成：你是为了套路我，你对我有所图。放到商业语境里，消费者如果被过度善待，更是容易把商家的善意理解成：你是为了算计我的钱包。

所以，一些聪明的玩家就干脆把"有所图"这几个字打成了明牌，告诉消费者：我确实对你有所图，但我图的是你在金钱之外的独特价值。

图钱和图别的价值有什么不同？当然不同。霸道总裁们总疑心："追求者到底看中的是我的钱还是我这个人？"在我们的社会里，在金钱之外对一个人有所图，对对方来说其实是一种巨大的认同。这种认同对应到感受基本盘里，就是价值感。

比如，宜家家居主打"有价值的低价格"家具，愿景是"为大众创造更美好的日常生活"。消费者心想："你凭啥对我这么好？"宜家马上打出了明牌：家具你得回家自己组装，我图的是你的动手能力，这能帮我节约成本。消费者一听，踏实了。

小米更典型。2014年，小米联合创始人黎万强出书，横空喊出了"参与感"这三个字，堪称喊出了互联网营销的新真理。之后，从小米到小米思路的效仿者，再到众筹、共创，以及今天的DTC模式，无数企业都从"参与感"三个字当中获益。

什么是参与感？也是跟消费者打明牌：我的产品和品牌锻造之路，需要你扶一把，推一把。我善待你，是因为有你参与，我才能成事儿。

参与感对消费者来说就是价值感：我虽然是需求方，但我的存在和作为，对你也能造成肉眼可见的影响。你善待我，不是因为惦记我的钱，而是因为我能够为你创造独特的价值。

"有所图"还有一个变体，就是以自己人的身份示弱。

我们前面讲过，消费者有一类行为模式叫作"代表社会回馈你"，也就是蜂花护发素、白象方便面，还有鸿星尔克运动鞋都享受过的野性消费。

这些品牌在守住靠谱的品牌人格同时，并不介意让市场大众看到自己在商业上的笨拙和窘迫。于是消费者就感觉自己被信任、被指望了，自己有责任帮扶它们一把。

你看明白了吗？从需求端入手，增加价值牵连，也能够消除消费者的分别心。因为品牌在金钱之外对消费者有所图，还能够产生一种奇妙的效果：**除了商业价值以外，品牌又在别的价值链条上对消费者形成了需求**。这种双方互为需求方的关系，会让消费者觉得更为对等和安全。

"我们"和"他们"

"我们"这个共同体里还有第二层支撑结构——"我们和他

们"。这是共同体的外在参照结构。

"我们"的关系之所以能够形成，是需要借助外在的"他们"来表达的。这层结构经常被忽略。但你要知道，正是因为有"他们"的存在，"我们"才能成立；正是因为跟"他们"的疏远，才能彰显出"我们"的亲近。这也是分类意识和比较意识在发生作用。

在多芬和普通女性的故事里，其他人成了外人；在耐克和刘翔的故事里，其他人也成了外人。如果世界上只有耐克和刘翔，没有外部参照系，那也就看不出双方的情比金坚。

所以，品牌在构建跟消费者的情感共同体关系时，也要留意对"他们"这个参照系的定义和经营。在品牌故事的每一个阶段，"他们"是谁？"我们"和"他们"的区别是什么？"我们"比"他们"强在哪里？"我们"如何跟"他们"相处？这都是品牌必须想清楚的问题。

在回答这些问题的时候，我只有一个注意事项要提醒你：不管在哪个阶段，请你尽量把"他们"塑造为"我们"的信息增量和潜在合作者，而不是对手和敌人。

举个例子。胖东来的乡贤设定，就把"我们"和"他们"区分得很清晰。

胖东来是一家从河南的四线城市许昌起家的商贸超市公司，它的创始人兼董事长叫于东来，许昌本地人，1995年开始开超市，如今已在河南的许昌和新乡开了十几家超市和商场。胖东来规模不算太大，有7000多名自营员工，一年总销售额100亿元，却是全国各地商超百货老板们心目中的行业传奇。小米创始人雷军专门去考察过，说它是中国零售业当中神一般的存在。为什么？因为它的服务做得太好了，其他超市在周边完全无法存活。服务好的同时，它还是赚钱的，并且把自己的员工照顾得特别好。

但是，胖东来虽然做成了零售业公认的传奇，却一直只在许昌和新乡深耕，别说出河南了，连郑州都没开过去。

在许昌和新乡这一亩三分地上，胖东来不但给顾客提供贴心服务，还把纳税列为第一经营目标。它认为自己开超市会扰民，所以附近居民的水电费它全包了。给新店选址，它还会按照自己的经营水准去考核周边的酒店、餐饮等业态。要是觉得人家服务不到位，它会派出自己的团队去给人家做培训，把整个社区的服务水准拉齐。

从胖东来的种种做法可以看出，它就是乡贤式的存在，它把整个本地社会视为自己的主场，也就是"我们"，并据此来承担责任和输出价值。

而外地在它的眼里就是"他们"：我的街坊邻居我要照顾好，但我不去外地开店，我没有义务和冗余的能力去照顾"他们"。

正因如此，胖东来非常欢迎外地的超市同行去它的卖场里取经。这些外地同行来请教时，胖东来卖场里的任何一位工作人员都会知无不言地分享经营经验。因为这些外地同行想要争取的顾客，正是胖东来无暇顾及的"他们"。有了地域这个壁垒，向同行输出经验就不会给胖东来造成损害。[1]

1　关于胖东来的更多故事，请参见得到App课程《蔡钰·商业参考2》关于胖东来的036、037讲。

二、文娱行业：如何打造关系产品

在上一节，我提醒你注意，品牌跟消费者在构建情感共同体的时候，要把关系拆成两层结构来经营和维护，一层是内在结构，"你和我"；另一层是外在参照，"我们和他们"。

接下来，我将结合文娱行业的实践，来陪你理解这两层关系结构。

为什么选文娱行业呢？因为在今天的市场上，文娱行业是最善于跳过第一故事线，直接打造强烈情绪的行业之一。

前面讲过，在诸多行业当中，文娱行业从情绪到价值的变现链路是最短的。正因如此，它对市场的情绪需求极为敏感，产品的创新能力也极强。

强到什么程度呢？

你肯定很熟悉买椟还珠的故事：楚国人卖珠宝，为了卖个好价钱，给珠宝配上了做工精致的木盒。郑国人路过一看，直接高价买下，然后把珠宝倒出来，还给了楚国人。

这件事如果发生在今天，一般路人的反应是，这郑国人多傻，舍本逐末；而你知道情绪价值这回事，所以你的反应可能会是，楚国人摸对路了，找到了给产品提升情绪价值的方法；

文娱行业听到这件事，反应则是，精致的木盒子有大需求，咱们赶紧琢磨琢磨人们需要哪些类型的好盒子。

你看，这就是文娱行业想问题的方式。他们意识到，这种精致的盒子能脱离一般产品而存在，它本身就是一种独立的产品。它的功能，就是给消费者提供情绪资源。

在日常生活里，人们体验到的情绪和情感都要依托于某一种关系，比如跟自己的关系、跟别人的关系、跟时间的关系、跟空间的关系，等等。

所以，我们要思考的问题就是：有哪些"关系产品"可以用商业力量创造出来？

观察今天的文娱行业，我们至少能够看到三种答案：第一种是偶像，第二种是偶像团体和慢综艺，第三种是影视作品。它们分别属于三种产品创新思路，也是当初我开始思考"情绪价值"这个概念的起点。

偶像：如何把"情绪对象"做成产品

消费行业言必谈的品牌人设，中国的文娱行业早在2005年就已经有所觉悟了。

那一年，《超级女声》的总冠军李宇春登上了《时代周刊》亚洲版的封面，中国内地进入了选秀元年。之后几乎每一年，各大电视台和视频网站都会推出不同主题的选秀综艺。

选秀跟传统的文艺比赛不同。传统文艺比赛以文艺作品为导向，谁能够驾驭好文艺作品，谁就是赢家。而在《超级女声》开启选秀时代之后，娱乐公司们快速发现，艺术功底最强的选手和得票数最高的选手，并不是完全重合的。

那些得票数高的选手拥有一种特殊的能力，就是触发人们情绪的能力。这种能力比唱功这样的业务能力更容易变现。

于是，中国的娱乐行业出现了一种新的产品筛选模式：让大众直接参与，选出最能触发他们情绪的选手，然后由公司将其包装成"产品"，来满足人们的情绪需求。

这种产品，被称作偶像。偶像的核心能力就是创造情绪的能力，而不是前辈们那种扎实的创作、歌唱和表演能力。

要知道，上一代明星的拥趸叫"歌迷""影迷"，因为那些明星都有歌手、演员这种专业身份标签。而当前这一代明星的拥趸则直接叫"粉丝"，也就是"迷"，"歌"和"影"都不再提了。

所以，往前数20年，娱乐圈还叫"演艺圈"。而现在随着行业内的偶像越来越多，演艺圈就被称作"娱乐圈"了。

行业里，有专业功底的演艺明星可以算"艺术家"，而新一辈的偶像只能算"艺人"，他们得先证明自己有演艺业务能力，才能被划进艺术家的行列。

而切换到商业视角，娱乐公司并没有多强的动力来帮偶像升级成艺术家。在娱乐公司看来，"有情绪触发能力就能吸引粉丝，直接变现，还费那个劲干吗？"

随着造星经验的丰富，娱乐公司意识到，决定偶像盈利能力的关键点有两个：一是给偶像做好"人设"，二是有"营业"的自觉。下面我们分别来看一下。

做好人设

给偶像做好"人设"，就是用不同的产品定位来对应不同的情绪触点，再用不同的情绪触点击中不同的目标人群。

有的偶像是智商担当，有的偶像是搞笑担当，有的偶像是运动细胞发达的校草，还有的偶像是玩世不恭的校草。15 岁的不行就 50 岁的，100 个偶像不行就造 200 个，总有一款适合你。

前面我提到过一种名为"爱侣"的角色原型，而偶像，就是一种典型的"爱侣"产品。

爱侣不是情绪助手，而是情绪对象，受众不会想要借助爱侣从别的对象身上获得美好感受，而会直接向爱侣索取安全感、新鲜感和价值感。

所以，爱侣这种类型的产品人设可以专心经营第二故事线，在自己的故事里只管迷人，只管美好，只管散发魅力，尽量吸引更多的人向往和守护它，这就是它存在的意义。爱侣要是想去当情绪助手，反而拼不过其他类型的产品。

那么，如何打造偶像的爱侣人设呢？

给偶像做人设有一个讲究：不能让他完美无缺，得安排一点瑕疵，这样才能够提升粉丝的忠诚度。比如美强惨的"惨"、傻白甜的"傻"，都是非常典型的瑕疵设定。

为什么要这么设定呢？一个原因是我们前面提过的，要模糊偶像产品和受众之间的身位差距。另一个原因是，偶像产品的原型是"爱侣"。但偶像不可能一对一地跟500个粉丝经营感情，只能提供一对多的标准化情绪资源。受众更多的是借助偶像这个产品，来自主想象和构建一类完美关系。

爱这种情感里有两种情绪，一种叫向往，一种叫守护。如果一个偶像完美无缺，粉丝反而会觉得这不是一个好的爱侣产品，因为燃不起自己的守护之心。放在安全感、新鲜感和价值感这三种感受基本盘里解释，就是粉丝没法从一个完美人设那里获取"被需要"的价值感。

举个例子。很多人反复去迪士尼跟玲娜贝儿互动，有时候是自己需要去找它充电，有时候是看到它被网暴了，或者在现场被敲脑袋了，特意赶去安慰它。玲娜贝儿在自己的第二故事线里，把粉丝的向往之心和守护之心都勾了出来。

所以，通过制造弱点和瑕疵，可以勾起粉丝的守护之心。最近几年，已经有不少互联网公司和新消费公司学到并使用了这个策略。

日化品牌活力28在2023年重新翻红，就是一个典型案例。

2023年9月，网友们认为新国货品牌花西子给眉笔定价79

元是割韭菜，为了表达抵制态度，他们转头挖掘高性价比的国货老字号，这给一批开设了电商终端的国货品牌带来了一波流量。

当时的活力28刚刚开通抖音账号，在网友的催促下，活力28临时抓来几位高龄管理人员做主播。这些大叔不懂互联网玩法，也不懂电商直播的规则，手忙脚乱，甚至导致直播间几次被封禁。最后他们都不敢说话了，只能靠写字来跟直播间的网友交流。就连他们对网友的称呼都透着一股旧时代的气息——"孩儿们"。

大叔们的笨拙和老套没有劝退消费者，反而激起了他们的呵护之心。年轻网友们觉得，这才是他们理想中朴实、厚道的良心企业家，是自己人。在小红书、微博等媒体的催化之下，上百万人涌进活力28的直播间，手把手教大叔们怎么开小黄车、怎么卖货，还把上架的商品全都买空了。买空了不算，他们还教大叔们怎么关掉晚发赔付、怎么关掉运费险，来消除发货量大可能产生的风险。

2023年10月，活力28的董事长拉着十几名员工又开了一场直播，这次不是卖货，而是通过直播向云股东汇报公司近况：在650万名云股东的热情支持下，工厂员工工资翻倍，就业岗位增加103个，产能从每天100吨上涨到了每天470吨，盘活了整条供应链。

到了11月底，活力28对外宣布，公司正在申请由破产清算转为破产重整。他们甚至打算征求直播间粉丝的意见，能不能成立一家新的云股东工厂，为云股东提供家居日化产品定制服务。

这下子，"孩儿们"的价值感被拉满了：集合无数个一己之力来拯救一家老牌日化企业，帮几百名员工肉眼可见地改善收入，比去买大品牌有意义多了。

不过，虽然品牌的弱点和瑕疵能够激发消费者的保护欲，但这些弱点和瑕疵不能造在核心竞争力上，也不能制造违反公序良俗的塌房式瑕疵。常用的弱点和瑕疵分三类：示弱、自黑、卖惨。颜值型的偶像，可以方言说得不好；演技型的偶像，可以发际线高；但如果智商型的偶像说自己被竞争对手暗算，那就是伤害自己的核心竞争力，得不偿失了。

有营业自觉

所谓的偶像营业是干什么呢？拍戏、上综艺、做访谈，当然都算。发微博、发抖音或者在街头被拍到也算。只要是出现在公众视野里，能被传播到粉丝群中，被粉丝看到，不管当时是不是处于工作状态，都算在营业。

有营业自觉，就是要频繁地提供这样的情境素材，来维持和增强与粉丝的情感关系。

偶像产品的核心价值就是情绪价值。歌手周杰伦消失 5 年，人们仍然会哼唱他的《稻香》，跳他的《本草纲目》。但偶像如果不频繁现身，给粉丝提供情绪资源，他的价值就会弱化，他的流量就会流失或者流向竞品。

这也是为什么偶像经济起来之后，会出现粉头、站姐这样的新职业。偶像不是永远都抗拒粉丝对自己的围追堵截，粉头和站姐们就是帮助偶像给粉丝分发营业物料的分销商。

这就是文娱行业做关系产品的第一个创新思路：打造偶像这种情绪对象，让偶像保持营业，让粉丝得以不停地想象和构建跟偶像的情感关系，获取情绪资源。

对偶像产品来说，"人设"就是它的产品参数，"营业时间"就是它的产品待机时间。

偶像跟粉丝之间的关系，其实也是产品跟消费者的契约关系——我作为偶像，负责给你提供某种稳定的情绪预期；你作为粉丝，要负责我的人气和价值变现。

这个思路，很值得产品和品牌借鉴、学习。

偶像团体：如何把"情感共同体"做成产品

2020年，湖南广电推出了一档现象级的选秀综艺，名叫《乘风破浪的姐姐》，江湖人称"浪姐"。这档综艺希望让30岁以上的熟龄女明星展现演艺能力，重新赢得市场和观众。

如果你也是它的观众，你可能记得过去几年"浪姐"有一个奇特的设定：明星姐姐们最后胜出的标志性动作叫作"成团"，也就是组成一个唱跳团体。

其实，姐姐们都各有经纪团队，也各有事业走向，不可能真的以团体的名义再闯江湖。为什么仍然要让姐姐们"成团"呢？这里因为"女团"本身就是一种产品。"浪姐"这档综艺，其实也是一档产品生成纪录片。

这就是值得我们在文娱行业里研究的、关于情绪产品的第二种重要创新：偶像团体。

作为一种情感共同体产品，偶像团体的使用方式跟偶像不一样——粉丝不再像对待偶像那样想象和建构与对方的关系，而是将自己直接代入其中。

需求端驱动力

偶像团体这种产品为什么会出现呢？我们从需求端的驱动力讲起。

中国市场的选秀时代启动之后，娱乐公司开始批量制造"偶像练习生"，也就相当于互联网行业说的 MVP——最小可运行产品。

在制造练习生的过程中，娱乐公司很快有了一个新洞察：有一部分人，比起对偶像本人，对偶像之间的关系更买账。王富贵跟刘秋香很亲近，或者刘秋香在牛斯克落寞的时候送了三次温暖，这些互动细节更让粉丝上头。

在偶像剧这个品类里，类似的偏好也出现了。两个演员演完一部戏，明明已经各自迈向了新事业，但戏迷还会拿着放大镜，在各种营业素材里面寻找双方你唱我和的甜蜜线索，还管这叫"找糖"。

粉丝群体当中也开始衍生出一个新人群——CP粉。CP是英文couple的缩写，也就是一对儿。CP粉就是这一对儿的情感关系的粉丝。CP粉中间流行一句话："流水的CP，铁打的CP粉。"什么意思？两个偶像关系不好了，没有糖可以让粉丝嗑了，那CP粉就换一对偶像继续嗑。CP粉粉的不是人，而是两个人之间的情感关系。

为什么会有一部分人的趣味从粉偶像演化成了粉关系呢？这要从偶像产品的局限性说起。

文娱行业打造偶像的逻辑，是让粉丝群体直接跟偶像建构陪伴和养成关系。但这种模式有其不足之处。

你想，偶像们分发给市场的营业物料是统一、均质化的。有的粉丝能去接机、探班，能帮偶像做视频、修照片，马上感觉自己跟偶像的关系不一般。那普通粉丝呢？偶像发个抖音，你至少得编一条与众不同的评论吧？偶像拍个戏，你至少得读几本戏剧教材来寻找理论表扬他的演技吧？

所以，消费偶像这种情绪产品可能会让粉丝产生不适——亲自经营情感关系太累了。这种消极感受引发的消费动机是：我想只花钱，不投入额外的体力和脑力成本，就能获得更现成的情绪体验。这是CP粉大行其道的重要原因。

娱乐公司未必想明白了这些，但它们的情绪感知能力太敏锐了，所以眉头一皱，很快推出了偶像产品的升级版，也就是偶像团体。前些年流行的选秀综艺《创造101》《偶像练习生》《青春有你》，目标都是让偶像练习生们"成团"。所以，《乘风破浪的姐姐》追求成团，也是在顺应行业的惯性。

早年间，文娱行业也出现过偶像组合，比如20世纪90年代的小虎队、2000年前后出现的Twins等。不过，今天的偶像团体和早年的偶像组合不是一个概念。

文娱行业早年做偶像组合，是做"全家桶"的思路，既有鸡翅、汉堡，也有玉米、薯条。一个组合提供了不同的情绪对象，喜欢鸡翅和喜欢玉米的人都愿意买单。

但进入选秀时代，成团是把"情感共同体"当作目标产品在开发。玉米能够进全家桶，不只因为玉米本身讨人喜欢，还因为它能跟鸡翅和薯条碰撞出奇特的感受，而这个感受更讨人喜欢。

需求端的这种消费动机，是文娱行业能够出现偶像团体这种情绪产品的重要原因。

关系结构

偶像团体作为情绪产品，属于情感共同体这个类目。接下来，我们通过偶像团体看一下情感共同体这种产品的结构特征。

前面讲过，"我们"这个共同体有两层支撑结构，一层叫"你和我"，另一层叫"我们和他们"。偶像团体既然属于情感共同体，那不可避免也有这两层结构。

怎么描述偶像团体的这两层结构呢？我们借用一下网友的智慧。中文互联网的网友们创造过一句话，用来形容两个人的神仙关系——"分则各自为王，合则一对傻叉。"这句话精准地描述了偶像团体产品的理想关系结构。

"分则各自为王"对应的是"我们和他们"，展现了一个偶像团体如何面对外部世界。两个人单打独斗，或者背靠背向外的时候，需要各自强悍、各自精英，比芸芸众生都要优秀，而且最好是在不同的领域各有所长。你擅长微积分，我擅长切盲肠。

"合则一对傻叉"对应的是"你和我"。"傻叉"这个词不是个好词，但用来形容一组神仙关系的时候，却传神地表达出了"在这个人面前，我可以充分地卸防，放心地示弱，因为确信能够得到他的包容和守护"。

"你和我"关系里的"傻叉"这一面，跟我们上一节讲的瑕疵人设类似，也能够模糊产品跟用户的身位差距，让普通人觉得，优质偶像和优质关系里也有平易近人的一面，我可以跟他们共情。

2022年出现过一档神作级别的真人秀，名叫《快乐再出发》。它的第一季在豆瓣被30万人打出了9.6分的高分，刷新了国产综艺的得分纪录；第二季也拿到了9.4分的高分。

这档综艺为什么成功？因为它请来了几位友谊深厚的艺人。他们相识十几年，单打独斗时各有各的性格，但在这档综艺里面对彼此的时候，则处于一种充分卸防的状态——我不介意在你面前犯傻和出糗，我愿意把我的生活打开让你参与，我不介意跟你分享我们彼此的私密生活。

这样组织起来的情感共同体产品，天然就带有第一和第二故事线。粉丝们不必亲自成为人类精英，只需要把自己代入任意一方的视角，就能享受与另一个人类精英的高质量关系。这比亲自面对偶像产品、亲自去想象和建构关系要便利多了。

慢综艺：提供新任务、新挑战

开发出了偶像团体，娱乐行业对情感共同体的探索就到尽头了吗？还没有。

娱乐公司很快又发现，偶像练习生成团之后，粉丝们的热情消退得很快。用双故事线理念来解释，这是因为偶像们的共同旅程已经结束，成团就是大结局。粉丝本来是借助场景在体验关系，场景没有了，还体验什么呢？不如抽身而退，去追逐下一对关系。

可是，偶像团体是娱乐公司好不容易烧钱推出来的，能不能想办法增加粉丝对它的复购热情呢？娱乐公司又想出了一个办法：让偶像团体多上综艺节目，带着已经成型的关系，去接受各种各样的新任务、新挑战。

牛斯克和刘秋香已然幸福地生活在一起，但是他俩教育孩子的理念有没有冲突？碰上大表弟跟姑妈吵架，到底该帮谁？这些新问题一出现，粉丝们仍然会关心、会买单。

现成关系加上新任务，这个动作放在互联网行业，就是在做用户留存，维持用户的活跃度。

在此期间，娱乐公司又发现，综艺本身也是一种宝库级别的关系产品。于是，中国市场的综艺节目越来越轻任务、重关系。从2017年开始，出现了"慢综艺"。到了2022年，又流行起了"熟人综艺"。

像我们前面讲到的《快乐再出发》，就是熟人综艺的典型代表。几位艺人相处自然、人设又足够真实，在旅行过程中充分展示了相互之间亲昵的关系。

在这样的慢综艺里，艺人们展示的是情绪能力和关系的张力。他们一起聊天，一起过日子，一起旅游，甚至一起种地，不断碰撞出新的情境，让观众可以不断地共情和代入，从而获得新的情绪和情感体验。同时，越来越日常化的任务挑战，也能模糊艺人跟观众之间的身位差距，降低观众共情和代入的难度。

宠物经济：年轻人想要的关系产品

从文娱行业对情感共同体产品的打造上，我们可以看到：

　　第一，偶像产品的内核不是情绪对象，而是"情感共同体"。粉丝对它的使用方式是代入其中一员，去体验现成的、典型的高质量关系。

　　第二，好的关系产品应该能够不断地刷新关系情境，来创造复购理由，让粉丝获得持续的使用体验。

　　那么，在其他商业领域，有哪些行业打造的是关系产品呢？一个典型的行业是宠物行业。

　　中国6000多万养宠家庭，平均每年愿意给每只狗花接近3000块钱，给每只猫花接近2000块钱。让我从消费视角来提一个问题：你觉得，人们在养猫、养狗的时候，到底是在消费什么？

　　这个问题可以进一步拆解成：当人们把一只猫或狗领回家，是想获得什么？"养"这个动作，意味着人们愿意支付和承担的代价是什么？

有保底收益的关系产品

把猫狗当成宠物而不是家畜来养，当然是为了获得情绪价值。而从我有限的观察和亲身体感来讲，宠物能够提供的情绪价值中，非常重要的一种来自猫狗直接给主人提供的陪伴。这种陪伴所蕴含的情绪资源可以称作"一段有保底收益的未知关系"。

为什么这么说呢？

首先，宠物是你挑中或接受的，你对它会有基本的好感。其次，宠物需要依赖你生存，又能够感知到你的善意，它也有喜欢你的基础。有了这两个前提，你们这段关系大概率是良性的，这是保底收益。

但在接下来的日子里，你俩建立的良性关系会往哪个方向展开，这是未知的。你俩都是有灵魂、有个性的生命体，你丢球的时候它是追得帅还是追得傻，你加班的时候它是争宠还是独自睡觉，你出差回家了它是欢欣雀跃还是骂骂咧咧，这都说不准。你一开始可能觉得猫是孩子，但养了三年，它再看你的眼神可能就会像看小弟。

而这些不确定性，也正是你所期待的。否则，要是你每次不开心，狗都固定从左后方跑过来，舔你鼻子三下，过一分钟再舔三下，再从你的右手边匀速跑开，那你可能会觉得自己养的不是狗，而是一台擦窗机。

所以，宠物主们想要从猫狗身上获得的陪伴，不仅是要它存在，更重要的是要它在陪伴过程当中，参与对双方关系的建构。

从这个角度看，**养宠物，消费的就是一个有保底机制的关系产品。**

成本和代价

那为了消费这种产品，消费者又愿意支付什么呢？

这件事我们其实没法完整地讨论。大多数宠物主把宠物视为孩子和亲友，因此愿意付出的东西太多了。最基本的宠物购买和宠物喂养的消费我们也没必要讨论，因为这都是让关系存续的必要动作。

让我们回到消费维度，关注一个非常微小的视角：宠物主，特别是年轻的、新的宠物主，越来越愿意像打游戏、做任务一样养宠物，为它们氪金。

这话怎么理解？就是按照攻略养猫狗嘛。买自动喂食机、自动饮水机和智能猫砂盆，把传统的养育动作像做任务一样，交付给这些代练机器。那宠物主自己做什么呢？专心地跟宠物构建情绪关系。而在构建关系的过程当中，消费似乎还有两个作用：

第一，缓解人对宠物相爱不相知的失控焦虑。

举个例子。有个养猫的宠物主，通过智能猫砂盆的监测数据，发现自己的猫排便次数突然多得不正常，于是赶紧把猫送到宠物医院，及时给猫治好了肾炎。

这个经历让他觉得，比起猫的健康和治疗费用，智能设备可不算贵。你看，一个猫砂盆能够自动铲屎和记录排便数据，既能节约你的劳动力，又能更有技术含量地关怀宠物的健康和心情，还能帮你把未来给它看病的钱省出来。你要是爱猫又爱自己，那不得来一个吗？

这是整个宠物智能硬件行业说服消费者买单的策略：借助设备，让宠物更安全、健康和开心。

第二个作用，补偿人对宠物无以为报的愧疚。

有宠物的陪伴，我们其实就有了人生刻度条。它作为一个跟你关系很亲近的生命，会见证你的喜悲，分享你的秘密。只要你愿意，你还拥有了一个专属的宇宙洞口，随时可以在宠物面前卸掉社会人的戒备，把自己打开到外人难得一见的程度。所以，你当然会在宠物身上投射非常独特和亲近的情感。

但是你能返还给宠物对等的情绪资源吗？不能。哪怕你确凿地知道你的猫希望你天天留在家里陪它玩，给它当床垫，你能做到吗？

我们得承认，绝大多数的人宠关系是不对等的。人才是这段关系的主动选择方，也是这段关系的核心。在你要工作、出差或者出门玩的日子里，宠物们都得学习怎么当留守猫或者空巢狗。

对于前面讲的偶像团体这种关系产品来说，粉丝们真正买单的，是偶像之间的情绪关系。粉丝们去观看偶像和偶像之间的亲疏变化、误会与别扭、守护与凝聚，比亲自想象或者经营一段关系要简单得多，也精彩得多。

而在人宠关系里，没有别人能够替你付出对等的情绪资源。一个被你视为亲友的小动物，你需要它多过它需要你，但你陪它却少于它陪你，你能够给它的情感也少于它能给你的。你愧不愧疚？怎么补偿？

所以，宠物经济里有一部分消费，可以看作出于愧疚进行的补偿。888块钱的宠物年夜饭比你煮的蛋黄和鸡胸肉好吃吗？700块钱的猫爬架比你刚拆开的纸箱好玩吗？自动饮水机里的水比水盆里的水好喝吗？不确定。但在人类的世界里，贵就是好，所以面对宠物，主人的想法就是，我想给你更好的东西，来补偿那些我没有付出的、对等的情绪资源。

当然了，宠物跟主人的关系远远不止商品与消费的关系。但借着宠物经济，我们可以看到这一类非常有意思的消费心理：我希望拥有带保底收益的关系产品，因为我渴望获得亲近关系，但我又希望自己付出的情绪资源和劳动资源尽量少。所以，为了情绪意义上的不劳而获，我宁可付费。

案例

《甄嬛传》——长盛不衰的电子榨菜

今天我们把吃饭时爱看的视频内容称作电子榨菜。我们这一节要研究的案例，就是中式电子榨菜里的清朝宫斗大剧《甄嬛传》。

《甄嬛传》其实是一部老剧集，主要讲的是一个名叫甄嬛的姑娘，从单纯少女开始打怪升级，最后大权在握，当上皇太后的故事。同时，它又有很多条故事支线，展现了很多其他人物的不同命运。

你如果看过这部剧，除了主角甄嬛，一定也会对皇帝、皇后、华妃、沈眉庄等诸多人物有印象。

不管你是每天靠《甄嬛传》下饭，还是完全没看过，都没关系。我们要研究的是，《甄嬛传》凭什么能成为中文剧集当中的电子榨菜一号。

《甄嬛传》在2011年首播，十几年的时间里从未从市场退出，始终活在中文互联网的谈论当中，而且直到现在，每年仍然能给制作方带来上千万元的收益。

《甄嬛传》的独播平台乐视视频这些年不景气，但仍然能凭借《甄嬛传》活在网友们的手机、电脑里。2018 年，乐视把这部剧分销给了优酷。尽管是部老剧，《甄嬛传》却一周内就在优酷刷出了 1.5 亿的播放量，位列优酷古装剧播放量第三名，狠狠帮优酷吸了一波新会员。

网友们不只是爱看《甄嬛传》，还爱拿它来玩梗，来映射当代生活。你肯定听过"臣妾做不到啊""贱人就是矫情"这两句话，它们都出自《甄嬛传》。

网上还孵化出了一堆号称"甄学家"的营销号，也就是《甄嬛传》学问家。这些公众号和短视频的博主们，只要以《甄嬛传》为蓝本去做复盘、解读，或者进行二次创作，就能妥妥地收获流量和粉丝。

更厉害的是，《甄嬛传》这么火，并不只是靠粉丝圈地自萌。罗永浩直播挣钱还债，说自己演的是"真还传"。北京航空航天大学的博士生导师刘雪峰教授写书讲数学思维，也要用同事看《甄嬛传》的例子来讲解怎么有效读书。

最离谱的是，丁香医生这样的医学博主发了条微博，说最新研究发现，人在死之后几小时依然有听觉。

底下热度第一的评论竟然是："所以果郡王知道嬛嬛生的是他的孩子。"什么意思？这是《甄嬛传》里的一段剧情，果郡王毒发身亡后，甄嬛才在他耳边说出他有孩子的真相。这个情节一度让万千观众意难平，没想到竟然靠丁香医生的科普让大家释怀了。

你看，《甄嬛传》是不是很奇特？它不但能长盛不衰，而且能层层破圈。跟它同时代或者比它更晚问世的国产剧集，再没有哪部能拥有这种魅力。

为什么是它呢？我们也来当一回甄学家，把它放在情绪价值的维度上再剖析一次。

在我看来，《甄嬛传》有两大关键特质：它既有超越人物和人群的价值主张，又是一座足够丰富的大型共享情境资料库。

造物主世界观 + 角色价值观

人在单个事件当中会体现出某个价值主张。比如该不该投喂流浪猫，该不该容忍公共场合孩子的哭闹。如果你在不同事件里体现的价值主张背后的立场和逻辑是稳定的，我们就可以说，你有稳定的价值观。

而当你是一个创作者，你的某个价值观体现在你创造的某个内容和情感宇宙里，并且起到关键作用的时候，你就拥有了造物主的身份，你的价值观就变成了这个宇宙里的世界观。

所以，当我们把《甄嬛传》视为一个甄嬛宇宙时，创作者的价值观，就是一种超越人物和人群的"造物主世界观"。

扎实的价值主张

《甄嬛传》这部电视剧的原著是网络小说《后宫·甄嬛传》，故事发生在一个虚拟的朝代。如果完全遵照原著来拍，今天的《甄嬛传》可能就是一部普通的言情爽剧而已。

但导演郑晓龙接手这个项目之后，做了很关键的改编。郑晓龙把故事设定改到了清朝雍正帝的后宫里，还调整了一部分人物的经历和剧情。他做这些改编，一方面是为了响应当时的监管要求，另一方面是为了让故事呈现他想要的批判性。

批判什么？批判封建制度和封建社会。郑晓龙在

《甄嬛传》的开机新闻发布会上说，这部片子是拍来反封建的。也就是说，他给《甄嬛传》定的基调不是简单展现后宫的打怪升级，而是通过展现女性不得不宫斗的命运来反封建。

整部《甄嬛传》因此也就有了这样一个设定：封建制度之下，人人都有不得已的苦衷，人人都是牺牲品。

这句话，就成了剧中女性命运的底层驱动力。女性入宫选秀，就相当于走上了封建制度之下的考编之旅。进入后宫，就相当于进入职场和权力场开始谋事业。而谋求事业需要付出的代价非常大，也就是她们的人格和生命。

有了这样统一的世界观，再叠加上不同角色各自的价值观，就能碰撞出非常丰富的人物动机。不同角色虽然行为各不相同，但在这个大设定之下，却都能合乎逻辑。

所以，今天去知乎上看大家对《甄嬛传》人物的讨论，你会发现他们带有一点点类似于某些人对苹果的那种信仰。别的电视剧，人们对剧中人物的某个行为不理解，会怪剧本没写好。但是聊到《甄嬛传》，大家都会问："安陵容为什么要这么干？""谁能帮我理解敦亲王？"

这就类似于苹果手机不好用不是苹果的问题，是我不会用。看不懂《甄嬛传》的人物行为逻辑，也不是人物的问题，是我不够通人性。

相比之下，其他言情爽剧的价值主张通常就是"谁让我不开心，我就让谁不开心"。人人都一样，也没有什么成长性。除了爽，不提供更丰富的人性来让观众探究。

《甄嬛传》的价值主张为什么能做得更扎实呢？这跟导演郑晓龙的经历有很大关系。

郑晓龙是部队大院子弟，20世纪50年代出生，年轻的时候经历过上山下乡，又当过关注农村和农业的电台记者。

他在1978年参加高考，大学毕业后进入电视行业，是中国电视剧领域的第一批拓荒人。他早年的作品都相当出名：《渴望》《编辑部的故事》《北京人在纽约》《金婚》，等等。

在事业单位工作多年，郑晓龙对人在预算不足、市场不足、人事关系又复杂的局面里如何自处，也有非常切身的观察和体验。

郑晓龙的这些经历，让他特别关注现实主义，喜欢借文艺来描绘当代生活。用他自己的话说，古装剧也需要关注现实，关注时代之下的真实问题。

你看，用这么高的立意来拍宫斗剧，就有点大内高手跳皮筋的意思。别的剧集只解决"爽"这个情绪需求，而《甄嬛传》不但想满足观众的情绪需求，还想展现情绪之下的人物动机。这些动机还不是凭空捏造的，而是把人物放在封建制度里，结合人物性格，让他们自己生成的，最终人物又因为这些行为动机而走向了他们各自不可抗拒的命运。

有了这么高的立意，电视剧《甄嬛传》的结局都跟原著不一样了。最后一集，甄嬛终于通关登上了权力巅峰，电视剧特意给她安排了一段回忆杀式的梦境，来告诉观众：虽然甄嬛看起来赢了，但她在这场权力游戏里失去的东西，才是她最想要的。这就回到了"封建制度下人人都是牺牲品"的导演世界观。

双故事线的另一种展现方式

造物主世界观叠加角色价值观这个操作，是不是

觉得有点眼熟？你可以把它理解为品牌第一故事线和
第二故事线的另一种展现方式。品牌第二故事线里的
价值主张，就是品牌所设定的情境宇宙里的世界观；
品牌第一故事线里的价值主张，就是不同典型消费者
的不同价值观。

耐克主张，体育永远值得奔赴和追求。这是它的
品牌价值观，也就是它所设定的运动产品宇宙里的世
界观。

那么在这个世界里，身世平凡的小镇少年会有怎
么样的故事？受挫的田径天才会有怎么样的故事？被
冷落的体育项目和运动员会有怎么样的故事？既有小
别扭又有团魂的女性篮球手又会有怎么样的故事？这
是耐克不断挖掘消费者典型情境的思路。

在多芬的故事里，多芬主张女性的自信永远值得
呵护。这是它品牌的价值观，也是它所设定的洗护产
品宇宙的世界观。那么在此之下，觉得自己不美的熟
龄女性有什么故事？觉得自己不美的少女有什么故
事？觉得自己正在老去的女性有什么故事？自身能力
受到社会质疑的女性又有什么故事？这也是多芬不断
去挖掘消费者典型情境的思路。

　　我们讲过的Ubras更有意思。Ubras主张"女性的身体自由值得守护"。这是它的品牌价值观，也就是它所设定的产品宇宙的世界观。你还记得它那条三八妇女节的广告片吗？它在里面没有讲述消费者的故事，而是讲了一个品牌方自己如何解开心结的故事。它说，自己遇到了同行的模仿，但是放在"女性的身体自由值得守护"这个世界观之下考量，被模仿是帮助更多的女性身体获得了守护，是顺应这个世界观的。所以它认了，愿意跟同行一起干。

　　你看，这也讲出了一个好故事。它不是拿消费者撬动消费者，而是丰满了自己的第二故事线，让消费者感觉品牌所设定的宇宙是成立的。这也增加了它的品牌和产品魅力。

　　《甄嬛传》的创作者用造物主世界观叠加角色价值观这个基本方法，呈现了一个人物足够丰富、每个人又都合乎逻辑的多样情境生态，这让《甄嬛传》拥有了长久的魅力，成为一个经典的产品。造物主世界观＋角色价值观这个方法，同样可以被商业品牌用在品牌叙事里寻找灵感，把控主题。

大型的共享情境资料库

前面提到，《甄嬛传》还有另一个情绪价值点：它是一个大型的共享情境资料库。

投射自我、寻求共情

情境资料库指的是什么？指的是《甄嬛传》展现出来的情境足够丰富，又足够典型，能够让各种各样的人在里面找到角色和剧情来投射自我、与之共情。

在空间上，它涵盖了家庭、职场、情场和权力场。在时间上，它在七八十集的剧情里，浓缩了主角从少女到中年的权力晋级之路。在人物上，它开出了多条剧情副线，囊括了很多类型的人物。有人飞扬跋扈，有人工于心计，有人冷眼旁观，有人认命，有人反抗，当然也有人自由散漫——大家境遇各不相同，就连宫女、太监这样的底层打工人，也都有各自的人物弧光。

可以说，《甄嬛传》整部剧浓缩了权力社会中的百人百态，也浓缩了情绪的百态。虽然没有一个观众在清朝的宫廷里生活过，但只要生活在大大小小的权力结构当中，我们就可以从剧中找到共情的对象。

由表及里地举例来看。《甄嬛传》最开始火，是因为第一批观众发现这是一部大女主爽剧。观众的第一反应是，我愿意代入甄嬛当大女主。打怪升级谁不开心呢？这很好理解。

等刷到第二遍，观众们开始感受到甄嬛宇宙世界观的存在了——所有人都是时代的牺牲品。在剧中，哪怕是最狠毒的角色，也不是以使坏为乐趣，所有人做所有事都是被不同的遭遇、情绪和情感所驱动的。就连作为权力至尊的皇帝，也有身在体系内的不得已。这样一来，剧中的每一个角色都没法让观众彻底讨厌。

于是，人们开始把自己代入不同的对象。坚信真爱至上的人开始代入甄嬛的一号对手华妃，坚信家庭秩序至上的人代入了甄嬛的二号对手皇后，被领导冷落的人也可以代入甄嬛的好友沈眉庄。

甚至，剧中角色安陵容，一开始是最被观众唾弃的，最后也得到了非常高的共情待遇。

安陵容本是甄嬛的小姐妹，后来却投奔敌营，坏事做尽，几次想置甄嬛于死地。最后她人心尽失，自尽而亡。观众一开始都觉得她毫无疑问是最可恨的叛徒，但今天你去知乎或者豆瓣小组里翻一翻，会发现观众给安陵容写的重生小说是最多的。

什么是重生小说？就是按照观众的意志让安陵容再活一遍，帮她在每个人生危机点上做更好的选择，给她一个更好的命运。

为什么观众愿意为一个叛徒花这么多心血？因为观众在反复观看这部剧之后发现，安陵容的黑化，完全是由于她的贫苦、自卑和高敏感。她太想证明自己，却一次次被家境优越的好姐妹辜负，被当作外人。由于屡屡不得志，她才因爱生恨。这种身世和性格刻画，被高敏感人群狠狠共情了。

中国人讲究含蓄，在宫斗这个题材里，角色们又讲究有话不直说，这更是拓展了故事的共情空间。安陵容是在哪个阶段开始黑化的？100个跟她共情的观众，可能有100种解读。

我们在前面讲过，什么故事能够长久地深入人心？答案是人物导向，而非剧情导向的故事。《甄嬛传》为了照顾商业性，每隔一两集也会安排一次很狗血的危机剧情，但这些剧情不仅是为了制造主角闯关的紧张感和爽感，也是为了推动配角的价值观变化。

用这种方式展开故事主线和多条副线，才能串起越来越多让人共情的典型情境。

亚里士多德有一句话，大意是，戏剧是对命运的模仿。我们也可以说，《甄嬛传》作为内容产品能够长红，是因为**它给当代民众提供了一个大型人生情境资料库，里面有足够丰富的典型情境和典型情绪触点，可以让人们在里面投射自我、寻求共情。**

文艺作品的创作者，最擅长的就是描绘典型情境，表达典型情绪。你的种种心情，可能自己整理不明白，好朋友也听不明白，在《甄嬛传》里反而更容易找到共振。

跟朋友都说不明白的那些心事，以前只能说"都在酒里了"；现在不用买醉，也可以"都在剧中了"。

高效共情中介

人们把《甄嬛传》当成大型情境资料库来用，一方面是因为可以跟剧中的角色共情，另一方面是因为这个情境资料库是共享的，能够帮人们跟素不相识的人建立共情，而这让它在今天的互联网和社交场合，成了一个非常高效的共情中介。

这种共情中介的第一个作用体现在剧集的弹幕上。

无论你看没看过《甄嬛传》，我都建议你今天找个时间打开优酷，配合着弹幕，看看第一集。你要重点看的就是弹幕。

我提醒你注意两个关键片段。第一集开始不久，少女甄嬛在寺庙里为爱情祷告，说"信女愿得一心人，白首不相离"。这时候你看弹幕，就会发现观众也在弹幕里各求各的："信女愿2023考编上岸""信女愿家人平安""信女愿成功怀孕"，等等。

又过了几分钟，秀女沈眉庄的家长验收她的选秀准备工作。家长问她："若是皇上问你读过什么书呢？"剧中的沈眉庄答《诗经》《孟子》之类，而弹幕也跟着刷《高等数学》《系统解剖学》《无机化学》《验光技术》等。观众这是在干什么？是在报自己上学时的主修科目教材。

看到这两个关键片段你就会明白，《甄嬛传》的剧集加弹幕，是一个打通了不同圈层的"互联网团建基地"。

剧情就是杠杆，你借助这个杠杆，可以看到其他陌生人在经历什么、关心什么，还能从陌生网友的脑洞里获得意想不到的灵感和情绪资源。借着网友们的弹幕，你会发现，原来这段剧情还可以这么理解，原来那段遭遇还可以那么反应。

所以，为什么有人说《甄嬛传》刷10遍都不腻？每次来都是在跟新的弹幕网友团建，也是原因之一。你可能还会发现很多人在弹幕里刷自己看剧的日子，什么2023年4月3日、2019年12月15日，这不就是在打卡自己的团建日期吗？

我印象很深的一个弹幕是"菜鸟裹裹"四个字。菜鸟裹裹是阿里巴巴的物流服务，它为什么会出现在《甄嬛传》的弹幕里呢？网友其实是用它来评论安陵容作为后宫职场新人，因为发挥失误，被皇帝下令裹着被子送出寝宫。菜鸟裹裹自己绝对不会想到，它有一天能被用来命名新人搞砸项目的情境。

除了让观众在弹幕里团建，《甄嬛传》这个大型共情中介的第二个作用体现在剧集之外。

这部剧在2011年一开播就贡献了很多经典台词，什么"臣妾做不到啊""贱人就是矫情"之类的，情绪张力都非常高。但随着时间流逝，你会发现剧中的很多台词，乍一听没那么强的情绪张力，也开始成为流行梗。比如，"翠果，打烂她的嘴""这福气给你要不要啊""粉色娇嫩，你如今几岁"，等等。

这些台词听上去平平无奇，在其他电视剧里也有类似的，为什么仅仅因为出自《甄嬛传》，就能变成流行语？原因就是，人们在借助《甄嬛传》这个共情中介，来降低跟其他人的沟通成本。

看《甄嬛传》的人越多，剧中那些看似平平无奇的台词，就越能成为调用典型情境的口令。2023年年初，中国新冠疫情高峰的时候，很多网友用了一个词来形容自己的症状——"宝鹃嗓"。什么意思？《甄嬛传》里安陵容发现自己赖以生存的歌喉哑了以后，惊慌地喊："宝鹃，我的嗓子！""宝鹃嗓"这个梗就来自这里。

《甄嬛传》被刷了十几年以后，成了你的情境资料库，也成了我的情境资料库，成了王富贵的情境资料库，也成了刘秋香的情境资料库。王富贵并不知道刘秋香身上发生过什么，也不能体会刘秋香的感受。但是当刘秋香说出剧中的一句台词时，王富贵马上就能反应过来它是哪个角色说的，这个角色当时的遭遇和心情是什么。于是，王富贵借助《甄嬛传》懂了刘秋香。

第六章

风险与展望

这本书写到这里，我已经把关于情绪价值的系统性思考全都交付给你了。现在，有几个零碎的关键点，我要再给你交代一下。前面的内容是帮你干得漂亮，最后这一章的内容是帮你不踩坑，并且看看未来还有哪些机会。

一、三种风险

如果想从情绪价值维度入手来提升产品价值，除了掌握前面讲到的方法，我们还需要知道它对应的风险与代价是什么。

我要给你的风险提示有三种：情绪透支、情绪撕裂和情绪反噬。它们分别来自不同的对象。

情绪透支

第一个风险是情绪透支，它并非来自消费者，而是来自**产品团队自身的成员**。

一个产品之所以能够蕴含情绪价值，是因为它背后的贡献者在从事情绪劳动，输出情绪资源。无论来自设计、服务、营销，还是运营环节，他们都需要打开自己，去感知和消化市场情绪，跟消费者共情。

这个过程大概率要损耗他们的心理能量。一个人如果长期从事情绪劳动，却没有获得巨大的心理能量补充，会非常容易产生心理创伤。到了这个时候，他就不可能再稳定地给消费者输出情绪价值了。

人们经常说"要远离那些把你当情绪垃圾桶的朋友"，就是因为一般人干不了情绪垃圾桶这个工作。就连专业的心理医生，在日复一日面对负能量的情况下，也必须借助督导和别的心理医生的帮助来调整自己。

所以，如果试图从情绪价值维度来提升产品价值，你一定要问一问自己：在你的产品团队里，谁承担着高强度的情绪劳动？他有没有持续补充情绪能量的通道？

有一些情绪劳动者不需要补充情绪能量，因为他的劳动过程本身就能让人获得巨大的情绪正反馈。比如玲娜贝儿的扮演者，在她日复一日卖萌、宽慰游客、给游客鼓劲儿的同时，游客也在不断对她释放爱意。再比如教师和医生，也能从自己的学生和患者身上即时收获情绪资源。

但是，很多情绪劳动者并没有稳定的情绪补充通道，针对这种情况，请你参考第三章，为他们设计一些可持续的宣泄或治愈方案。

举个例子。我早年带团队的时候，经常跟职场新人说，他的工资在我眼中是拆成三笔的：第一笔是给他本职工作的报酬；第二笔是感谢他对其他同事的支持，无论是业务上还是情绪上的支持；而第三笔，是补偿他在工作中的情绪消耗，因为我们的工作需要面对用户，也需要面对专家，不论他从哪一方面感受到了压力，都请多担待。

有了对这第三笔钱的认知，我的同事们在真的遇到压力时，心态都会相对平和。而且，他们会有意识地从工资里拿出一部分，用于在情绪上犒劳自己。我这边也会留出时间和资金的预算，请大家看看电影，逛逛迪士尼，上上业余的兴趣班，等等。

照顾好队友和你自己的情绪，才能避免整个团队的情绪透支，让产品和服务的情绪价值能够稳定地持续下去。

情绪反噬

第二个风险提示，针对的是你的目标人群，你要当心来自**目标人群**的情绪反噬。

序言里面讲过，我们只能去琢磨情绪价值的上涨驱动力，但决定不了它的上限，因为上限由目标人群说了算。相应地，你需要为这份情绪价值所背负的责任，也由目标人群说了算。他们对你所承担的责任的期待，也许会高出你的预期。

过去几年，李宁这个本土运动品牌吃到了民族品牌的红利，以"中国李宁"这个国潮新身份重新翻红。但它在2022年遭遇过一次情绪反噬。

2022年，李宁发布了一款帽子，消费者觉得跟侵华日军的军帽有相似之处。市场的抵触情绪就起来了：中国李宁刚刚用民族自豪感圈了一把市场认同，怎么转头就在民族伤口上蹦迪？

面对质疑，李宁公司的一位高管在朋友圈的一段发言火上浇油。

这位高管说，这款帽子的设计灵感来自中国古代的一种头盔。本来说完这句就可以了，结果他又加了一句："我们的消费者，对于中国文化的沉淀、教育知识的传承还是少了。同时我们应该更自省，如何在正确引导消费者的过程中，避免更多的误读。"消费者一看，啥意思？怪消费者没文化？我们得加把劲儿教你们做人？

这下市场更愤怒了。之后，李宁公司正式致歉，认真解释说这款帽子的设计灵感来源于中国古代头盔、户外防护帽和棉帽，跟日本军帽没有任何关系。但李宁公司的股价仍然在这之后的10天内跌到了2022年的最低点。

卖刀具的老字号张小泉在2022年也有过类似的遭遇。有顾客拿张小泉菜刀拍蒜，结果刀断了。顾客去找客服，客服说，这菜刀不能拍蒜。这就等于以中华老字号的身份，否定了中国菜的灵魂。

网友们愤怒之余，又翻出张小泉总经理曾经的一段言论，概括起来就是，张小泉总经理称中国人切菜的方式不对。这又给张小泉带来了巨大的市场危机。

你看，对于消费品牌来说，你的目标人群对你的期望，很可能比你预想的更高。所以，品牌尤其要提防来自目标人群的情绪反噬，不要去触碰市场逆鳞。

情绪撕裂

第三个风险提示是：小心情绪撕裂。情绪撕裂的风险，容易来自你的**非目标人群**。

前面讲过，"我们"这个词所指代的共同体结构分两层，一层是"你和我"，另一层是"我们和他们"。品牌寻求跟消费者建立共同体关系，就是需要借助"他们"这个参照系，来强化"我们"的认同感。

怎么强化呢？为了让"我们"有存在感，品牌会倾向于向目标人群论证：我们跟他们不是一类，我们更有个性。这倒还好。有时候，为了让"我们"有优越感，品牌在叙事的时候，很容易滑向更极端的论证："我们"是先锋的、高级的、正确的，"他们"是粗劣的、低级的，甚至是错的、坏的。

"他们"是谁？非目标人群。这可就麻烦了。

换句话说，过度强调目标人群的独特与可贵，有可能形成一种暗示——非目标人群平庸或低劣。这就是在替你的目标人群得罪人，在目标人群和非目标人群之间制造情绪撕裂。

得罪非目标人群对品牌有什么坏处？你想，多芬要是替98%的普通女性得罪了2%的漂亮女性，那女生们就没有办法心平气和地做朋友了；耐克要是替运动员看不起宅男，也不会有它在大众市场的成功。

我们拿美国成熟市场来做参考。当下美国社会的撕裂早已肉眼可见，但我直到听了中国社会科学院美国研究所魏南枝博士的一个观点，才意识到这种撕裂也可以用消费主义来解释。

魏南枝博士说："美国从生产者国家变为消费者国家以后，购买者理念压倒了公民理念。购买者有购买能力和购买喜好的差异，这就使得整个社会理念不断碎片化，缺乏共同价值。不同社区、不同城市、不同行业和职业的人理念都不同，这让美国之所以成为美国的向心力还能保持吗？"[1]简单来说，魏南枝博士的担心是：消费主义有可能会撕裂社会共识，消灭共同价值。

中国市场有类似的风险吗？也有。

举个例子。2017年前后，中国消费创业圈流传起了一个不同人群市场价值的排名：少女＞儿童＞少妇＞老人＞狗＞男人。这个排名看着像段子，其实是消费投资机构总结的，后来被美团创始人王兴公开发了出来，然后很快被所有消费创业者奉为真理。

为什么要做这个排名呢？因为市场的整体需求日趋饱和，在需求侧，资本和创业者们就开始寻找结构性的机会，也就是把市场大众拆分成一个个的小众群体，来逐个观察分析，看谁有更高的消费潜力。

你肯定注意到了，在这个榜单的前三名中，第一名和第三名都是年轻女性。第二名是儿童，而儿童的消费决策也大多是

---

1 引自2022年12月魏南枝博士在中国社会科学院美国研究所《全球化调整期与中国的战略新机遇期》讲座中的发言。

由年轻妈妈做出的。所以四舍五入，中国最有消费潜力的人群就是年轻女性。

这就是为什么过去几年，"女性主义"成了很多新消费品牌高举的价值观旗帜。

但是，这面旗帜要是没有举好，就非常容易滑向极端，成为女性利己主义，主张"女性就应该为自己花钱"，甚至"女性要把别人的钱划拉到自己手中来花"。

在这样的主张之下，不是女性的男性，就成了"他们"；不热衷消费的女性，也会变成"他们"。要是品牌再想办法论证"他们"是错的、坏的，长远来看显然会加剧社会的撕裂，伤害整体。到了那个时候，品牌不但没法争取男性人群，还不得不承受女性人群的失意和愤怒，也就是我们所说的情绪反噬。

所以，情绪撕裂这种风险，同样值得中国的消费创业者警惕。新消费品牌在争取目标人群认同的同时，不要去替小众冒犯大众，更不要把社会基本盘变成自己的对手盘。这不只是在保护消费者群体，保护品牌自己，更是在弥合整个社会的裂隙。

总结一下，品牌在挖掘情绪资源、创造情绪价值时，需要提防三种主要风险：来自产品团队成员的情绪透支、来自产品目标人群的情绪反噬，以及来自产品非目标人群的情绪撕裂。

一个产品要是踩中了这三个坑，那么即便它偶然抓住了情绪价值的风口，也很难穿越时间和人群，获得长久的溢价。

二、消极金线："无感"也是情绪需求

虽然本书所有的内容都在说产品要提供情绪价值，好像情绪价值越多越好，但是这一节我要给你一个反套路提醒：增加情绪含量并不是唯一的思路，有时做减法也能给产品加分。因为对某些消费者、某些产品来说，"无感"恰恰是一种重要的情绪需求。

在所有人当中，**对"无感"需求最大的，是那些有极强的目标意识和自主性的高能人士。**"无感"能帮他们节省心理能量，并将其投入自己真正想做的事情。

十一学校的贯通学制

我先给你举个极致的例子，北京十一学校的学霸。

北京十一学校是全中国最好的中学之一。它在初中阶段有一个划分学生的机制，叫六年一贯制。什么意思呢？每年进入十一学校读初中的学生当中，会有20%的学霸型选手被筛选出来，他们不需要参加中考，读完初中直接升高中。

乍一听，省掉了一年的中考备考时间，是不是给学生减负了呢？其实恰恰相反。在十一学校，进入这种贯通机制的学生，面临着更高的要求和更重的学习任务。老师对他们的教育重点不是提前灌输高中的知识，而是培养和训练他们的专注力、决策力和自主学习的能力。

也就是说，贯通学制的学生在自己的六年中学生涯里，不但要学习知识，还要学着形成自己的学习方法，并且不断地应用和检验这套学习方法，自己来定义自己的学习目标和学习规划，自己对自己负责。

所以算起来，学霸们的课业强度，比普通三三制的学生要大得多。而且，即使初一进了贯通学制，他们也不能高枕无忧，因为初二下学期他们还得接受一次校方评估，要是不达标，他们就得退出贯通学制，回到正常轨道里，继续准备中考。

这么看，贯通学制更像是一个收益跟风险不匹配的选项，为什么学霸们会乐在其中呢？

要回答这个问题，我们得先说到中国教育界的一个灵魂拷问——"钱学森之问"。这是钱学森先生在晚年提出的一个问题："为什么我们的学校很难培养出杰出人才？"

这种六年一贯制的设计，就是为了回应这个问题。既然适合普通人的教学机制没法孵化天才，那么干脆给天才苗子们打造基础设施，让他们能够更顺滑地自己培养自己。

所以，十一学校的贯通学制更想筛选的，是那些不仅能从好成绩当中获得成就感，而且能从学习过程中获得巨大价值感的学生们。

为十一学校做过战略发展规划的沈祖芸老师告诉我，贯通学制其实是给真正的学习爱好者开设的。对视学习为乐趣的学霸们来说，全身心投入高强度的学习，会让他们感受到一种跟世界直接对话的快乐。只有没有学习天赋的孩子，通过刷题把自己送进直升班，才会感到痛苦。所以十一学校在初二设置再评估，也是为了把这些误入藕花深处的非学霸放出来。

想一想北大学神韦东奕，你就应该能理解沈祖芸老师是什么意思。我们看到的数学学神韦东奕，主食只吃馒头，喝水只用农夫山泉大水瓶。他不追求物质甚至英语给他带来的情绪价值，对这些都无感，只想把尽量多的心理能量省下来，投入到数学研究中，换取巨大的身心快乐。

所以，十一学校的学霸们为什么对贯通学制乐在其中？正是因为他们并不要求学习环境提供情绪价值，而是追求无感。十一学校给他们提供的自主性，恰恰是无感式的助手服务。

全季酒店怎么进行"破坏式创新"[1]

很多人在差旅出行时都住过全季酒店。比起万豪、希尔顿这些豪华型酒店，全季的价位更亲民。但是比起如家、汉庭这

1　参见得到App课程《蔡钰·商业参考》"215　|　全季酒店怎么进行'破坏式创新'"。

些经济型酒店，全季的品质又更有保证。可以说，全季是中国主流酒店客户在进行第一次可选消费升级时，最有代表性的服务提供者。

那么，全季是怎么做品牌定位和产品打造的呢？

无设计、无主题、无惊喜

在做全季之前，全季的创始人季琦已经连续创办了携程、如家和汉庭。

2006年刚开始做汉庭的时候，季琦就想做中档酒店。但当时中国的经济发展阶段还没有到位，所以汉庭很快就退回到了经济型酒店的定位。

不过，季琦的这个执念一直没有打消。汉庭开了几年，攒下了百万量级的会员，其中有一部分人的需求是明确要往中档酒店升级。基于对中国人口结构和财富结构的分析，季琦认为，在未来相当长的时间里，中国酒店消费的主流都会是经济型酒店和中档酒店，在这个基础上不断进行消费升级。

有了这个判断，他在2010年开出了一家汉庭酒店的升级版，起名叫"汉庭·全季"酒店。至此，他正式进入了中档连锁酒店市场，主攻商旅人群。

很快，季琦就拿掉了这家酒店名字里面的"汉庭"两个字。他的考虑是，"汉庭"这两个字身上的经济型酒店烙印太深，没法支撑全季做更高端的定位。

到了2012年，全季酒店已经在全国开出了30家门店，但一直没有找到自己的风格。这时，季琦认识了室内设计师周光明。周光明认为，东方文化里有值得抽取出来作为全季酒店设计风格的东西。

季琦表示认同，但他还有更苛刻的诉求。他跟周光明说："酒店设计师普遍用力过猛，我希望你做一个无设计、无主题、无惊喜的产品。"

你看季琦是不是一个妙人？那可是2012年，当时酒店业的人普遍认为，住客要么住便宜、干净的客栈，要么住设计奢华的目的地酒店。中档酒店本来已经比经济型酒店贵了，那必须要多给一点设计感和惊喜感，只有这样才能够说服住客多付费，把这里当成目的地。什么无设计、无主题、无惊喜，业内想都没想过。

但周光明还真的接招了。他拿出来的方案是，用"温良恭俭让"这一套儒家行为准则来打造酒店。

温就是舒适、温暖、平和，不设计吸引眼球的装饰；良是良善，让客人不容易受伤；恭是对客人恭敬；俭是节能、环保；让是谦和、中庸、适度。

按照这个理念，全季酒店在2013年开出了一家新门店，房间大量采用竹子和木头材料，家具的边角基本上都是圆弧形的，灯光明亮、不暧昧，也不用什么奇特的装饰来吸引客人的注意力。季琦说的"无设计、无主题、无惊喜"真的实现了。

这家三无美学酒店一出来，住客们纷纷用订单来表示喜爱。这之后，所有的全季酒店都统一了产品标准。之前两年才开了30家店，新版本出来之后一年，全季就新开了70家店。这是2014年。

到了2015年，中国人均GDP达到了8000美元。按照国际经验，这算是有了服务业大发展的土壤。这一年，全季的产品标准又迭代了，全季这个酒店品牌也开始盈利了。2016年，全季在北京、上海的平均房价追平了国内五星级酒店的平均房价。接下来的几年里，中国酒店业整体的客房日均收入在逐渐下降，而全季的这个指标却节节走高。

主场感

为什么"三无"的全季酒店能够博得这么多住客的喜爱？

如前面所说，全季酒店其实陪着中国主流的酒店客户，从必选的经济型酒店向上进行了第一次可选消费升级。

第一次可选消费升级意味着什么？

全季诞生之初，服务的不是那些住惯了万豪和希尔顿的外企高管，而是刚从经济型酒店升级上来的大众商旅住客。这就带来了两个需求端的区别：

第一，中档酒店仍然是驿站，不是目的地。

第二，发达市场习惯的那一套消费和服务流程，全季的主流住客还不熟悉。想想当初你第一次住豪华酒店的心情，是不是新鲜＋敬畏？这感觉当然有趣，但绝对算不上自在。

住客们大多是因为商旅来到陌生的城市。酒店里的一切如果对他们来说也是陌生的，他们就容易拘谨。迷你酒吧、四五种场景的房间灯光选项，到底有多少住客能够自如地享用？这到底是在满足住客的消费升级，还是在指点他们应该怎样消费升级？

教陌生人享受生活，大忌就是太用力。打个比方，王富贵和牛斯克并不熟，但第一次见面，牛斯克就逼王富贵体验雪茄，而且要王富贵自己买单。王富贵要是此前没试过，难免会觉得牛斯克在套路他；王富贵要是此前就已经习惯了抽雪茄，难免又会在内心笑话牛斯克班门弄斧。牛斯克吃力不讨好的概率太大了。所以在这种局势里，主人的谦和、适度很重要。

全季酒店的思路就是让自己在房间里隐形。床头挂幅画吗？不挂。床上铺一条锦缎的中式床旗吗？不铺。就用基础色系的床头背景墙，以及白色的标准床品。那来一组智能灯光系统，提供四五种场景的灯光模式吗？也不要，只提供一种最适度的灯光。

你可能会说，住客毕竟买的是消费升级啊，不提供酷炫的装修和增量体验，哪儿能算升级？

消费升级要提供增量体验，这个我认同。但你试着回到传统文化里设想一下，一位谦谦君子会怎么升级自己的待客之道？给客人展示全新的家庭影院，塞给客人七八个陌生的遥控器？不，他会把客人常坐的椅子换成沙发，把客人杯子里的菊花茶换成雀舌茶。不增加新噱头，而是给客人原本就能驾驭的东西增加质感。这样客人就知道了：主人对我怀有敬意和善意，他不想安排和主导我的行动，而是让我不必客气，把主场感还给我。

在你我有别的时候，让客人感觉像在主场一样自在，这是君子式的得体。中国服务业多年来很主张一句话——宾至如归，这其实也是在追求这一点。

不抢戏

在酒店客房里做"留白与谦和"，对应的情绪表达是把客房里的主场感还给住客，不跟住客抢戏。退后一步看这件事，我们会发现，这种情绪还能向外扩一圈：把差旅生活还给住客，不用所谓的沉浸式体验去跟整座城市抢戏。

你可能会说，不对吧，也有很多中档酒店做主题，提供沉浸式体验，也做得很成功啊。中档酒店适不适合提供沉浸式体验呢？我认为要看情况。

如果你的目标人群是本地居民，定位是给他们提供附近的远方，那给出脱离日常生活的主题和气质是有用的。因为原住民对本地生活已然足够熟悉，他们既然愿意在家旁边住酒店，就是来寻找陌生感和新鲜感的。

举个例子。亚朵酒店也是这些年做得很有影响力的一个中档连锁酒店品牌。它旗下有一些联名的篮球主题店、戏剧主题店，还提出了一个概念叫"第四空间"。这瞄准的显然不是商旅住客，而是社区内的本地居民。

只有本地居民，才关心离家3公里之内有什么休闲空间和沉浸主题。在这个意义上，一座酒店提供沉浸式体验，不管是动漫篮球主题，还是瑜伽冥想主题，对消费者来说，跟桌游、剧本杀和商业景观的性质是一样的。

而对中档消费带的商旅人群来说，选酒店重要的是选位置，酒店里的沉浸式体验反而可能是种束缚。

什么意思呢？

对商旅人群来说，酒店本来是一个中间节点，要是提供了太过迷人的沉浸式体验，反而会限制他们出门探索城市。你想，中国这么大，这么多人间烟火，出差到一个城市，要不是有大量的案头工作，谁会甘心长时间宅在酒店里？知名的景观不去看一看吗？新开的网红打卡点不去踩一脚吗？抖音上推荐的美食不去尝一尝吗？很久没见的朋友不约着聊一聊吗？比如王富贵出差去济南，酒店里提供了免费的温泉，那等他终于挤出半天空闲时间的时候，他到底是应该留在酒店泡温泉，还是出门去看趵突泉呢？他可能最后咬牙去了趵突泉，心里却会认定酒店白白赚了他一笔泡温泉的费用。这可不是一个好印象。

你看，这是不是酒店在跟城市的人间烟火抢戏？

而一家温良恭俭让的酒店则可以用一句歌词来形容，"如果你正享受幸福，请你忘记我"。该没有的惊喜都没有，让客人出门出得毫无心理负担，这是一家中档商旅酒店应该有的自觉。

消极金线原则

在看完了十一学校和全季酒店这两个案例之后，我要给你介绍一个原则：工具型产品的消极金线原则。

在我看来，人们对工具型产品存在一种期待：你得做得足够好，好到没有存在感。对品牌来说，这就是它要遵守的消极金线原则。

消极金线原则的"金线"，要求的是工具型产品的功能属性足够好。一个工具型产品如果不够好，就会有存在感，而这种存在感是让使用者不舒适的。比如护膝支撑力不够，会让刘秋香膝盖疼，进而妨碍她跑马拉松；耳机的电池寿命变短，会妨碍王富贵开心地在春天里骑车；快递迟到，会耽误牛斯克的出差计划。

消极金线原则的"消极"，要求的是工具型产品有隐身自觉。一个工具型产品如果功能属性很强，但是情绪属性过剩，也会有存在感，这种存在感也会让使用者不舒适。因为人们使用工具型产品并不是为了获得使用体验，而是为了实现别的目标。如果产品过度设计，就会争夺使用者的心理能量，跟他的初始目标抢占资源。

我们继续看前面那组例子。刘秋香换了个护膝，膝盖不疼了，但是护膝按摩得她麻酥酥的，所以她还是没法跑马拉松；王富贵的耳机电池好好的，但每隔三分钟就打断他听歌，给他播报电量，他也很烦；牛斯克的快递今天就到了，但它是一个后天才能用上的生日蛋糕。

当然，这些都是傻到荒谬的例子，真实世界的产品不会这么设计。我虚构这些荒谬的例子，是为了让你意识到，消费者对体验型产品和工具型产品的情绪期待是不一样的。

切换到消费者的立场，我们就能明白，消费者跟产品的关系分成三级：拥有、使用和相处。

拥有一个产品需要花钱，但使用它和跟它相处，还需要耗费人的时间和心理能量。借用能源行业的术语来说，我们使用产品的过程会产生能耗，既消耗体力，也消耗心力和脑力。

一个产品如果是体验型的定位，比如雪糕，消费者使用它是为了感受冰凉畅爽或者新奇的味道，那么既花钱也耗能是无可厚非的。

但一个产品如果是工具型的定位，比如给小学生用的文具盒，消费者使用它是为了学习，目标是追求更好的学习效果，它要是太花哨、太抢眼，总是跟课本和老师争夺孩子的目光，那它在跟孩子这个消费者相处的过程中，就消耗了孩子的心理能量。

今天的市场是信息和选择过剩的市场，消费力是稀缺资源。而对消费者来说，他本人的心理能量也是稀缺资源。

所以有这么一句话："学霸两支笔，差生文具多。"学霸之所以只需要平平无奇的两支笔，恰恰是因为"平平无奇"才是学霸对笔的情绪期待。因为目标意识和自主性越强的消费者，就越抵触工具型产品越过消极金线，让人在使用它和跟它相处的时候产生非必要的能耗。

按照这个逻辑，降低消费者使用产品时的非必要能耗，降低他们跟产品的相处成本，其实本身也是一种创造情绪价值的思路。

三、艺术家蔡国强：与人类共情

前面我们讲了打造情绪价值时需要注意的三种风险。那么，什么样的产品才可以避免创作者情绪透支，躲过受众的情绪反噬和撕裂，让它的效益最大化呢？

答案说起来简单，两个字：超越。扩展一下的话，是八个字：**超越圈层，超越时间**。

超越圈层，是提取不同人群的情绪公约数；超越时间，是提取不同时代的情绪公约数。

什么是超越？超越就是以有限追求无限，跳出个体的得失，在人群和时间当中获得恢宏、永恒的情感体验。

产品如果能替消费者做到这两件事，毫无疑问可以赢得消费者的心。不过，"超越圈层，超越时间"这八个字，只是在正确的方向上提了两个目标；至于怎么实现它们，不同的人有不同的思路。

现在，我想邀请你跳出商业范畴，向一位艺术界前辈讨教超越的能力。他就是"火药绘画"的首创者、当代艺术家蔡国强。

你是否记得2008年北京奥运会开幕式上的焰火"大脚印"，

还有 2022 年北京冬奥会开幕式上的焰火"迎客松"？它们都是蔡国强的作品。

2015 年，蔡国强在家乡泉州凌晨的夜空当中，悄悄点燃了一架 500 多米的焰火长梯，把地球和宇宙连接了起来。这是他送给自己百岁奶奶的礼物——《天梯》。这个作品惊艳了全世界。

在当今华人世界，蔡国强是最具影响力的艺术家之一。他的作品获奖无数，并被纽约大都会艺术博物馆、纽约古根海姆博物馆、伦敦泰特现代美术馆、巴黎乔治·蓬皮杜国家艺术文化中心、东京都现代美术馆等多家重要公共机构收藏。

超越圈层：宇宙视角和共情

我们之所以要向蔡国强讨教，不仅因为他能被西方艺术界认可，还因为他在赢得西方的同时并没有丢掉东方；同时，他的作品既能够保留思想深度，又没有远离平民大众。

世界现当代艺术的话语权掌握在西方社会手中。在这套话语体系里，中国和东方通常以异域风情的面目存在。东方艺术家想要获得国际认可，通常只有两条路：要么去呈现"我跟西方是共同体"，要么去呈现"东方跟西方不一样"。这样答题的代价，往往是让自己的东方故土看不懂，看懂了也不开心。

而蔡国强在他此前 30 多年的艺术生涯里，却成为一个罕见的存在——既能让东西方主流都喜欢自己，又能够让自己开心舒展。他是怎么做到的呢？

宇宙视角

蔡国强超越的是什么？是圈层的结构性对立。

我们回忆一下 2008 年的北京奥运会开幕式。29 个巨大的焰火脚印，沿着京城的中轴线，一步步从永定门踏进鸟巢。当初用这个方案竞标的时候，蔡国强是这样跟组委会说的：大脚印从远古走向未来，从中国走向世界，还把开幕式展示给了宇宙里的外星人。组委会本来觉得设计看上去很幼稚。但他一讲完，组委会就说，你这个"幼稚"太有力量了。

"外星人系列"其实是蔡国强从 20 世纪 80 年代就启动的创作。他在福建泉州出生、长大，1986 年开始旅居日本，1995 年又定居纽约，但一直没有改变中国国籍。

游走在东西方世界的那些日子，他意识到了国界对人的限制。当时他有两个反应：

第一个，他跟女儿说，我们要么换国籍，换一本出门更方便的护照，要么就得做点事情，让别人对我们这本护照更尊重。

第二个，能不能用更大的格局做事情，去超越东西方视角的对立？

于是，他开始构思"外星人"系列作品，也就是以人类和地球的身份去跟宇宙对话，表达更普世的人类好奇心。在他看来，要是跟外星人都能沟通，那打通东西方的交流就更不在话下了。

跟外星人有什么可沟通的？蔡国强觉得，外星人是"看不见的世界"里的一部分。不管哪个民族，都对看不见的世界有浪漫的想象。那么，把自己当作宇宙的一部分来跟外星人沟通时，应该采用怎样的语言？有哪些人类的故事值得让外星人看见？

秉持这个思路，他开始创作一系列作品，主题都是把人类的天真、浪漫和创造力展示给外星人看。比如在全球各地用火药模拟万里长城，用火药模拟月球背面的金字塔，用火药在地球上炸出陨石坑，用火药模拟巨龙，等等。

这个系列的作品到现在已经有十几个了。前面说的鸟巢大脚印其实本来也是其中的一个。蔡国强最初的构思，是把大脚印想象成巨大的外星人在天空行走，能够轻易地跨越国界。

你看，当蔡国强跳出二元对立的撕裂，提出"与外星人对话"这个命题的时候，他就已经超越了人类圈层。在对立的结构内部找答案，选择东方必然要放弃西方。但是，在"跟外星人对话"这个场景下，人类又会凝聚成一体。谁会拒绝一位人类同胞帮自己向宇宙转达自己的天真、浪漫和创造力呢？

蔡国强就这样用宇宙视角，把看不见的外星人当作"他们"，定义出了人类这个最高级的"我们"，借此在全世界赢得了最大圈层的情绪公约数。

共 情

光超越对立还不够，蔡国强还有第二个秘诀，就是共情。更具体地说，他用沉淀在自己身上的情绪，去跟全世界各个地方的民众共情。用我们的话说，他的作品实现了造物主世界观＋角色价值观。

为了方便理解，我先介绍一下他另外几个著名作品。

第一个作品。1995年，蔡国强参加威尼斯双年展，参展作品名为《马可·波罗遗忘的东西》。这是一艘他从家乡泉州运到威尼斯去的小渔船，里面装满了陶罐、瓷杯、竹勺，以及人参之类的中药材。蔡国强按照中医的金木水火土跟人体心肝脾肺肾的五行对应，把中药材做成饮品，放在艺术展的自动售货机里，当作饮料卖给参展的观众。

这个作品为什么叫《马可·波罗遗忘的东西》？因为700年前，意大利旅行家马可·波罗就是从中国的泉州起航，返回威尼斯的。蔡国强说，马可·波罗当年给意大利带回了很多东方的故事，但是忘了带东方的思想和哲学，所以趁着威尼斯双年展，他替马可·波罗把这些东西送过来了。

第二个作品。蔡国强的家乡泉州在宋元时期就是中国的商贸海港，多年来，有很多阿拉伯商人终老于此。蔡国强发现，这些阿拉伯人的墓志铭中，最常见的一句是"死在异乡，即为殉教"。

这让他很感慨。你看，阿拉伯商人离开了荒漠，常住在青山绿水的泉州，在外人看来像是生活升级了，但他们临死仍然介怀自己异乡人的身份，心心念念的都是故土。

于是，2011年去阿拉伯国家卡塔尔办展的时候，蔡国强就把泉州这些异乡客的墓志铭转刻到了一块一块大岩石上，在多哈的马塔夫艺术馆，从馆外一路摆放到馆内。他给这个作品起名叫《返乡》。

还有一个作品。2016年，英国伦敦要为泰晤士河上的桥梁重新设计灯光，蔡国强跟他合作的建筑设计公司也入选了，他提出的火焰灯光方案主题叫"伦敦大桥垮下来"。

为什么诅咒人家的桥梁垮塌也能入选？你应该听过那首流传了几百年的英国儿歌：*London Bridge is Falling Down*（《伦敦大桥垮下来》）。蔡国强提出的这个方案，抓住了英国精神里黑色幽默的一面，让伦敦人觉得，这个东方人懂我，对胃口。

你看，在这些作品里，蔡国强保持了非常确切的对象感。他的每一个项目都像一份盛情准备的礼物，而且都能够贴切且惊艳地回答"在什么时间、什么地方，向谁，用什么故事，搭建什么情境"。他所选择的故事和情境又是如此之普适，如此之天真，让当地的民众觉得这位艺术家一点也不高高在上，而是从泥土深处、从民众当中长出来的，跟所有人都有关系。

对民众来说，他们的文化被蔡国强做进作品里，就像是他们被邀请进行了艺术共创，一起向世界讲述了自己的故事。只需要用看展这么低的精神成本，他们就能够换回极大的价值感。

说到邀请民众共创，这也是蔡国强的一个常用策略。在泉州创作《天梯》的时候，他就邀请了小渔村里的400多人一起帮忙搭建。

在用火药模拟万里长城时，他的操作也很妙。他在日本成立了一家旅行社，招募了100名游客组团到中国的嘉峪关旅游，每个人收3000美元，一半用来做他的艺术创作，另一半用来安排游客们的旅途食宿。这100名日本游客跟着他爬了长城，走了沙漠，还帮他搭建了焰火项目，又出钱又出力，但人人都觉得意义非凡，特别开心。

艺术评论圈有一个玩笑——"不要跟艺术家谈恋爱"，原因是艺术家都过于关注自我，经常忽视别人的感受。但艺术评论圈又有另一个玩笑——"想跟蔡国强谈恋爱"，原因就是蔡国强不但眼中有你，深深地懂你，还会邀请你和他一起玩浪漫的游戏，并且替你给这场游戏赋予更高的意义。

超越时间：内核

作为艺术家，蔡国强从20世纪90年代开始就享誉海内外，但直到30多年后的今天，新一代的艺术爱好者们说起他，仍然不会把他看成德高望重的大宗师，而是把他看成充满童心的老男孩。

他是怎么超越时间，画出一条无龄感的第二故事线的？要讨论这个问题，关键词是"内核"。

前面我们提到，蔡国强对每个圈层的人都能深入共情。但你肯定也意识到了，他的这种共情并不是对对方文化的简单附和与照搬，而是把自身作为一枚感受滤镜投进去，让对方的文化母题穿过自己，进行"二次创作"。

蔡国强还有一个值得讲的标志性作品。1998年，他在美国纽约的古根海姆博物馆展出了一个作品，名叫《草船借箭》。他又从泉州运来一艘旧渔船，吊在半空中，捆上草绳，船身插满3000支利箭，船头再插一面小小的五星红旗。这个展品，令当时东西方的艺术界都拍案叫绝。

草船借箭，中国人都知道——诸葛亮算准天象，调派20条草船去假装进攻曹操阵营，成功骗来曹营的10万支箭，日后又把这10万支箭变成了真正攻打曹营时的武器。

当时，蔡国强以一个年轻东方艺术家的身份，对草船借箭这个东方典故进行了二次创作，并将其摆进了西方的艺术殿堂。这个举动天真、直接又意味深长。它既像是在说"东方艺术想走向世界，可以向西方借力"，也像是在说"西方的当代艺术表达，也可以向东方的古老文化借力"，还像是在说"作为炎黄子孙，创作可以向先人借力"。

那到底谁是船、谁是箭？船和箭的关系到底是互相利用还是互相依存？这箭今天借了，明天又将射向哪里？这都是蔡国强站在各种意义的故乡原点，向世界和历史提出的问题。

蔡国强这个作品既是在表达自己，又不仅仅是在表达自己。他帮有限的观众问出了一个无限的问题：在人群和历史当中，"我们"应该怎样面对"你们"？

他把自己当成了一枚感受滤镜，而这枚感受滤镜的情感和观念支柱主要有两大构成元素：一个是火药，一个是故乡。它们构建了蔡国强作为创作者的造物主世界观。

蔡国强说过，自己早年选用火药作为创作材料，是因为想要追求自然力量，减少自己对画面的控制，也就是把不确定性变成作品想要表达的一部分。但机缘巧合，火药又是中国的四大发明之一，这让他在西方艺术评论界眼中，成了一个带着故乡力量创新的东方创作者。

蔡国强并不是每一个作品都会用到火药，但几乎每一个作品里都要么有故乡的影子，要么有故乡这个母题。

我翻阅了他过往十多年的媒体采访、公开演讲和文章，发现说起自己的艺术启蒙时，他永远会提到三个关键词：奶奶、父亲和泉州。

奶奶把他从小带大。福建人信宗族，信鬼神，所以奶奶也带着他接触了风水、中医和"看不见的世界"。他在大量作品里展现的传统文化力量，就是出自他的奶奶。

父亲在书店工作，带他读了大量的书，还在火柴盒上画心目中的故乡，教会他"方寸之间，天涯万里"。所以他今天在有限的作品里思考无限，在万里之外描绘心中的故乡，这股劲儿出自父亲。

那他的故乡泉州呢？前面说了，泉州是古代中国的商贸海港，文化既传统又多元。同一座老城里，道教、佛教、摩尼教、伊斯兰教等各种宗教，能够与本地的妈祖、关帝和谐相处。泉州教会蔡国强的是开放与包容。

这些从土地里生长出来的文化和情境，让蔡国强的造物主世界观脱离了高高在上的上帝视角，变成了这样一个价值主张：故乡是人探索世界的力量之源，也是人安放内心之所。

这个故乡，既可以是家乡，也可以是传统，还可以是地球，甚至是宇宙。

带着故乡这个内核，无论展开什么对话，每个人都可以有原点，也都可以有定力。这条主张，简直是一条人类普遍认同的情感真理，可以超越时间，无论放在古代的中国泉州还是今天的世界各地，都很容易让普通人共情。

在圈层和世代之间挖掘共识

艺术策展人崔灿灿跟我说过一句话："策划艺术展，就是为一个意义设计抵达它的旅程。按照这个定义，艺术绘画、艺术装置和艺术活动，可以理解成把意义进行二维、三维和四维的展开，把它们变成情境和情绪。"

　　而当蔡国强把他的意义展开成一件件艺术创作时，他不但能在同时代的不同圈层里找到共鸣，还能在不同时代里找到共鸣。

　　同样的情感，李白展开就变成了"举头望明月，低头思故乡"；康德展开就成了"头上的星空和心中的道德律"。他们如果看到蔡国强的天梯和外星人大脚印，会不会跟他惺惺相惜？我猜会的。

　　那么，这种事是只有艺术家会做、能做吗？当然不是。

　　作为产品人，我们应该怎样让产品的情绪价值超越圈层、超越时间呢？简单回答就是，在圈层和世代之间挖掘共识。

　　比如，你可以问自己，少年时听过的哪些传奇故事仍然能打动今天的你；你还可以问海外的朋友，有哪些经典的中国故事和哲学思想打动过他。

　　我给你举个例子——关羽。关羽在海外拥有极大的人格魅力。有海外网友专门写过书评，描述自己读到《三国演义》中关羽败走麦城时，内心如何幻灭、绝望。2022年，央视版电视剧《三国演义》中关羽的扮演者陆树铭老师去世，这引发了日本三国迷的深切悼念。今天在抖音上还有好几位主播，光是靠扮演关羽，就收获了三五十万稳定粉丝。

　　再比如，你可以把不同年龄、不同圈层的人组织在一起，请他们互相提问，看看双方能在什么答案上取得共识。

　　上海有个社区就办过一次类似的活动。63岁的人问23岁的人："爷爷奶奶在第三代的教育上应该怎么做？"23岁的人回答："把他当作完整的大人来相处，不要把他当小孩。"29岁的人问72岁的人："怎样才能喜欢自己？"72岁的人答："做人糊涂一点，不要要求太高，不要跟人比。"

在"超越"这个目标上，如果你还有更大的雄心，我建议你回到中国传统文化里去挖掘能够打动人心的情感素材。"文化自信"几个字虽然看着过于宏大，但在接下来的10年里，极有可能蕴含着巨大的情绪价值机会。

你可别觉得传统就意味着老气。仔细看看"传统"这两个字："传"是流传，是在抵御时间和世代；"统"是统合，是在抵御圈层分歧。像关羽的义气、"尽人事，听天命"这样的大俗话，能够穿越时间和人群，流传到今天让你知晓，本身就反映了它们的魅力。

中国的文史哲向来不分家，文学是情感，历史是故事，哲学是价值观。抓住一个好的传统文化典故，往往能一鱼三吃，性价比很高。所以，你完全可以带上自己的场景和需求，去读一读经典，在其中找到跟你的产品适配的典故，借助它们的力量来超越圈层，超越时间。

情感宇宙

最后，我们试着来理解一个问题：中国传统文化为什么能抵御几千年的岁月冲蚀，流传到你我面前，仍然在当代生活的各处闪光？

这还得从蔡国强说起。你应该发现了，蔡国强心中的宇宙并不是科学宇宙，而是情感宇宙。

这让我在做功课的时候想到，它刚好体现了中国传统哲学跟西方哲学和现代科学在宇宙观上的巨大分歧。

按照现代科学热力学定律推出的宇宙热寂说，宇宙的方向是熵增，是膨胀，是摆烂和无序。大爆炸创造生命只是偶然，所有生命都终将寂灭。从这个角度出发，西方社会认为，火星要么是资源，要么是对手，地球的资源终将耗尽，因此必须殖民火星。

但中国传统哲学里的宇宙观却与之相反。《易经》里说"天地之大德曰生"。意思是，天地最大的美德就是孕育出生命，愿意让生命延续。孔子在《论语》里也说"天何言哉？四时行焉，百物生焉"，也倾向于相信上天的力量愿意让万物创生、秩序井然。

所以你看多好玩，中国人的宇宙观是有感情的，宇宙愿意让生命诞生，愿意有秩序，宇宙对生命有慈悲，有热情。在这个前提下，中国人会愿意讨论天人合一，也对宇宙怀有浪漫的向往，人们还能在自己跟宇宙的关系当中找到心灵的安顿和归属。中国传统宇宙观跟现当代西方宇宙观相比，更容易规避情绪撕裂，弥合人群，弥合世界。

那东方流派的宇宙代理人们是怎么说的呢？也很好玩，今天中国社会里的宇宙代理人们也很乐意去提供弥合与接纳。

举个例子。杭州的永福寺做了一个慈杯咖啡店，用佛教术语"慈悲"来谐音陶瓷杯子。这家咖啡店还解释说"慈能予乐，悲能拔苦"，用来解释咖啡能够给年轻人的抚慰。你看，这就是在与时俱进，用"我们"的视角提供弥合与接纳，给新一代的上香人提供了新一代的情绪资源。

如果你想知道传统文化如何与当下的社会思潮与时代情绪结合，我再给你推荐一位妙人——曾任复旦大学哲学学院教授的王德峰。王德峰教授从教30年，在年轻人当中圈粉无数，被称为"哲学王子"。他非常善于告诉年轻人，如何用一套入门级理解方式，来把传统文化经典变成今天人们的情感与心灵支撑。你可以在网上找到他的大量音频和视频，内容涵盖哲学、艺术、风水、王阳明和马克思。

王德峰教授也对"仁"进行过解释。他说，"仁"这个儒家内核，没法翻译成欧洲语言。仁不是慈悲，也不是无私的博爱，而是将心比心、推己及人。你在没有余力的时候照顾好自己就可以了，有了余力你再照顾一下旁人，这就是"仁"。

你看，中国哲学还愿意承认和接纳人的软弱，并且相信人的良善。这给出的是共情，也是安全感。

后　记

在《情绪价值》这本书的最后，我想跟你重复一下书里提到的三个等式：

$$产品价值＝功能价值＋情绪价值＋资产价值$$
$$情绪＝感受＋动机＋行为$$
$$情感价值＝情绪资源 × 稳定预期$$

在产能过剩的时代，构建产品价值的新关键转移到了打造情绪价值上。而打造情绪价值的关键，在于怀着配角意识去完成对用户的情绪感知，再运用内容能力梳理出"用户"和"品牌"的两条故事线，用它们来指导产品策略，跟用户实现双向的共情。

一路走到这里，你肯定已经知道，内容能力（或称叙事能力）不再是简单的营销能力，它在后消费时代已经成为产品能力当中不可切割的一部分。

　　发现和研究情绪价值是一项新鲜的工程，过程中难免有不成熟之处。非常期待各位实战中的企业家、老道的产品家，为这趟研究之旅提供案例，不吝提点，和我一起继续完善这套新的方法论，一起为中国的新消费崛起添砖加瓦。

　　如果你是一个纯粹的消费者，也期待你借助本书给出的框架来洞察和梳理自己，找到必要的力量来安顿自己的内心。

　　人工智能大模型 ChatGPT 的问世，引发了人类对创新方向和自我竞争力的思考。巧合的是，本书想要研究的情绪感知和产品化方法，恰恰可以帮助人类提升在面对 AI 时的竞争力，借用尤瓦尔·赫拉利在《人类简史》里的话，可以帮助人类变成能够驾驭 AI 的"神人"。

　　这是因为，跳出代码和数字去学习怎样梳理情绪、洞察人心，本身就是在帮我们自己更真切地理解人类的情感、目标、意义和愿景何以诞生、何以持续，这是作为硅基生命的 AI 所不能及的。

　　祝我们所有人在研究情绪价值的旅程当中，能够重新理解自己，获得安全感、新鲜感和价值感，在即将来临的 AI 时代里拥有更高级的自由。

蔡钰

2024 年 3 月

图书在版编目（CIP）数据

情绪价值 / 蔡钰著 . —— 北京：新星出版社，2024.4（2024.12 重印）
ISBN 978-7-5133-5373-1

Ⅰ . ①情… Ⅱ . ①蔡… Ⅲ . ①产品营销 Ⅳ . ① F713.50

中国国家版本馆 CIP 数据核字 (2024) 第 022714 号

情绪价值

蔡钰　著

责任编辑	汪　欣	**封面设计**	李　岩
策划编辑	张慧哲　翁慕涵	**责任印制**	李珊珊
营销编辑	陈宵晗　chenxiaohan@luojilab.com		
	许　晶　xujing@luojilab.com		
	张羽彤　zhangyutong@luojilab.com		

出 版 人　马汝军
出版发行　新星出版社
　　　　　　（北京市西城区车公庄大街丙 3 号楼 8001　100044）
网　　址　www.newstarpress.com
法律顾问　北京市岳成律师事务所
印　　刷　北京奇良海德印刷股份有限公司
开　　本　880mm×1230mm　1/32
印　　张　9.875
字　　数　188 千字
版　　次　2024 年 4 月第 1 版　2024 年 12 月第 6 次印刷
书　　号　ISBN 978-7-5133-5373-1
定　　价　69.00 元

发行公司：400-0526000　总机：010-88310888　传真：010-65270449